Dr. Eveline Schwarz

Intensivtrainer A2

Aussichten

Kurs- und Selbstlernmaterial

Ernst Klett Sprachen
Stuttgart

Bildquellennachweis

Cover iStockphoto (Justin Horrocks), Calgary, Alberta; **Cover.2** Fotolia LLC (vagabondo), New York; **Cover.3** iStockphoto (Stepan Popov), Calgary, Alberta

Textquellen

S. 26/6: Textauszug aus: Interview mit Lira Bajramaj, Süddeutsche Zeitung, 15.10.2009, Interview: Andreas Thieme; **S. 84/2:** Textauszug aus: Mirjam Pressler, Leselöwen-Geschwistergeschichten © 1994 Loewe Verlag GmbH, Bindlach

1. Auflage 1 5 4 3 2 1 | 2014 2013 2012

Internetadresse: www.klett.de

Autorin: Dr. Eveline Schwarz
Redaktion: Coleen Clement, Berlin
Herstellung: Claudia Stumpfe
Layout: Claudia Stumpfe
Satz: Regina Krawatzki, Stuttgart
Illustrationen: Vera Brüggemann, Bielefeld
Umschlaggestaltung: Silke Wewoda
Druck und Bindung: Druckerei A. Plenk KG, Berchtesgaden • Printed in Germany

ISBN: 978-3-12-676223-6

Die Symbole bedeuten:

→ KB 15 Die Übung bezieht sich auf diese Aufgabe im Kursbuch.

Sie müssen einen Text mit einem Blatt zudecken und ihn rekonstruieren.

In dieser Aufgabe erfinden Sie für sich eine neue Identität.

Gute Musik hier!

➥ KB 1

1 Wortschatz

Finden Sie zu jedem Buchstaben ein Instrument? Notieren Sie auch die Artikel.

das	K L A V I E R
______	_ _ _ _ _ N _ _ _ _
______	S _ _ _ _ _ _
______	T _ _ _ _ _ _ _
______	_ _ _ _ R _ _
______	_ _ _ _ _ _ _ _ U _
______	M _ _ _ _ _ _ _ _ _ _ _
______	_ _ _ _ E
die	M A N D O L I N E
______	_ _ _ _ _ _ _ T _
______	_ E _ _ _

➥ KB 2

2 Was für ...?

Wie heißen die Fragen im Nominativ? Kreuzen Sie die richtige Form an.

1. Was für ☐ eines ☐ ein Buch gefällt dir? – Ein Sachbuch.
2. Was für ☐ ein ☐ einen Auto gefällt dir? – Ein Sportwagen.
3. Was für ☐ einer ☐ ein Film ist das? – Ein Liebesfilm.
4. Was für ☐ ein ☐ eine Karte ist das? – Eine Geburtstagskarte.

3 Noch mehr Fragen

Schreiben Sie Fragen im Akkusativ.

1. Julian macht Kampfsport. Was für eine Sportart liebt Julian?
2. Simon spielt ein Blasinstrument. ______
3. Isa backt einen Schokoladenkuchen. ______
4. Carla besucht oft klassische Konzerte. ______

4 Welch- ...?

Schreiben Sie Fragen in der 2. Person Singular.

1.  

| besuchen wollen

Welches Konzert willst du besuchen? – Das von Yoko.

2.    | essen wollen

_______________? – Den kleinen.

3. 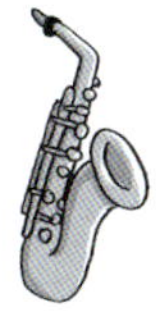   | spielen

_______________? – Geige.

4. 

| lernen

_______________? – Deutsch.

5.  

| sehen wollen

_______________? – Den Liebesfilm.

➥ KB 3

5 Warum?

Suchen Sie die richtige Antwort und antworten Sie mit *weil*-Sätzen.

Die Natur ist dort so toll. | Ich lebe in Deutschland. | Ich habe keinen Hunger. | Es ist ein Bestseller. | Das Wasser ist zu kalt.

1. Warum isst du die Suppe nicht? Weil ich _______________
2. Warum willst du nach Patagonien reisen? _______________
3. Warum gehst du nicht schwimmen? _______________
4. Warum sprichst du so gut Deutsch? _______________
5. Warum willst du dieses Buch lesen? _______________

→ KB 6

6 Fehlersuche

Korrigieren Sie die markierten Fehler. Kreuzen Sie die richtige Form an.

E-MAIL

Liebe Julia,
am Samstag ist eine (1) tolles Konzert in der Stadthalle. Der (2) Gruppe macht sehr gute Musik. Ich habe sie schon einmal live gehören (3). Es war super, ich möchte also unbedingt hingehen. Kommst du mit? Es beginnt um 20:00 Uhr. Ich hole dich früher ab, dann wir können (4) davor noch etwas trinken. Bitte, sagst (5) ja!
Liebe Grüße
David

1. ☐ das	☒ ein	☐ einen
2. ☐ Die	☐ Den	☐ Das
3. ☐ höre	☐ hören	☐ gehört
4. ☐ können wir	☐ wir könnt	☐ kann wir
5. ☐ du sagst	☐ sag	☐ sagen Sie

→ KB 11

7 Studieren in Österreich

Machen Sie aus den *dass*-Sätzen Hauptsätze.

Haben Sie gewusst, …
- dass jede Universität ein Büro für internationale Beziehungen hat?
- dass EU-Bürger manchmal keine Studiengebühren bezahlen?
- dass Studierende aus anderen Ländern Studiengebühren bezahlen müssen?
- dass ausländische Studierende selten ein Stipendium bekommen?
- dass Flüchtlinge ein Stipendium bekommen können?

1. Jede Universität ______
2. ______
3. ______
4. ______
5. ______

8 dass-Sätze legen

a | Schreiben Sie die Wörter auf Kärtchen und legen Sie zwei Sätze.

EIN | IST | FÜR | MINIJOB | MICH | FINDE | GUT | ICH | BALD | EINEN

b | Schreiben Sie nun folgende Kärtchen.

Ich denke, | dass | Ich hoffe, | dass

c | Legen Sie jetzt zwei *dass*-Sätze.

9 dass-Sätze schreiben

Formulieren Sie die Sätze um.

1. Toni sagt: „Markus kann gut singen. Er möchte einmal Sänger werden. Ich kann aber noch besser singen!"

Toni sagt, dass ______

Toni sagt, dass Markus ______

Toni sagt, dass er ______

2. Tonis Vater sagt: „Toni hat als Baby gern Musik gehört. Toni hat auch immer gern gesungen. Ich habe ihm oft Musik vorgespielt."

Tonis Vater sagt, dass ______

Tonis Vater sagt, dass ______

Tonis Vater sagt, dass er ______

3. Tonis Mutter sagt: „Toni singt in einer Schulband. Musik ist für ihn wichtig. Aber leider trifft er oft nicht den richtigen Ton."

Tonis Mutter sagt, dass ______

Tonis Mutter sagt, dass ______

Tonis Mutter sagt, dass ______

______

➥ KB 13

10 Nachfragen

Ordnen Sie die Sätze zu.

Entschuldigen Sie bitte. | Sprechen Sie bitte lauter! | Was? | Ich habe Sie nicht verstanden. | Ich verstehe kein Wort! | Können Sie das noch einmal wiederholen? | Was hast du gesagt? | Sprich deutlicher! | Wie bitte?

offiziell	privat

➥ KB 15

11 Hoffnungen und Befürchtungen

a | Ordnen Sie die Sätze den Bildern zu und ergänzen Sie die Denkblasen.

Das Baby ist gesund. | Meine Mama kommt bald. | Sie verlieren das Spiel. | Sie mag diese Frisur nicht.

1

2

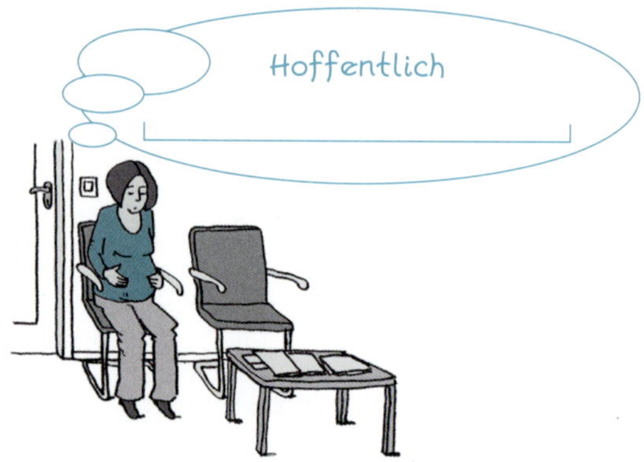

3

4

b | Schreiben Sie Sätze mit den Verben *befürchten* oder *hoffen*.

1. Der Mann befürchtet, dass seine Freundin ____________________
2. ____________________
3. ____________________
4. ____________________

➥ KB 17

12 Kleidungsstücke

Ordnen Sie die Wörter den Artikeln zu.

Anzug | Hose | Hemd | Mantel | Bluse | Hut | Tuch | Rock | Schal | Pullover | Kleid | Jeans

der: ____________________

das: ____________________

die: ____________________

13 Komische Komplimente!

Schreiben Sie die Wörter und ergänzen Sie die Endungen.

alt____ ____________ 

freundlich____ ____________ 

jugendlich____ ____________ 

melancholisch____ ____________ 

rot____ ____________ 

sportlich____ ____________ 

billig____ ____________ 

hässlich____ ____________ 

komisch____ ____________ 

praktisch____ ____________ 

schmal____ ____________ 

typisch____ ____________ 

14 -isch oder -ich?

a | Ergänzen Sie die Endung.

feierl_____ | schreckl_____ | bürokrat_____ | herrl_____ |

melanchol_____ | staatl_____ | nützl_____ | tägl_____

b | Welches Adjektiv aus a passt? Ergänzen Sie und achten Sie auf die Endung.

(Eine) ______________________ Begrüßung! Er hat sehr schön gesprochen.

(Ein) ______________________ Lied! Jetzt bin ich traurig.

(Ein) ______________________ Tag! Die Sonne scheint und es ist sehr warm.

(Ein) ______________________ Tipp! Jetzt weiß ich, was ich mache.

15 Zusammengesetzte Nomen

Was passt zusammen? Verbinden Sie und notieren Sie die Wörter mit Artikel.
(Achtung: Diese Komposita haben alle ein Fugen-*s*!)

Agentur | Zeit | Musik | Aufenthalt | Antrag- | Formular | Universität- | Frühling- | Übersetzung- | Ausland- | Fest | Liebling- | Volk- | Stadt | Arbeit- | Lied

das Antragsformular, ______________________

____

____

____

16 Geschichten aus Neustadt

a | Der Neustädter Bürgermeister hat in der Stadtzeitung einen Brief veröffentlicht. Lesen Sie den Brief.

Liebe Neustädterinnen und Neustädter,

Sie wissen vielleicht, dass ich jeden Tag mit der U-Bahn zur Arbeit fahre. Das ist für mich als Bürgermeister interessant, weil ich dort viele Informationen über die Menschen und die Aktivitäten in der Stadt bekomme. Heute Morgen hat ein junger Mann mit seinem MP3-Player laut Musik gehört und so habe ich die Pop-Sängerin Yoko kennen gelernt. Sie gibt morgen ein Konzert.

Außerdem habe ich erfahren, dass eine Frau mit Gipsbein Probleme mit dem Aufzug in der U-Bahn-Station hatte. Sie hat mit ihrem Handy telefoniert und alles genau erzählt. Und eine Mutter neben mir hat sich telefonisch über die Öffnungszeiten unserer Kindergärten beschwert.

Allerdings habe ich auch gesehen, dass viele Menschen am Morgen sehr müde sind und in der U-Bahn gern noch ein wenig schlafen möchten. Das ist schwierig, wenn andere mit dem Handy telefonieren oder zu laut Musik hören.

Liebe Bürgerinnen und Bürger von Neustadt: Ich glaube, dass der Lärm in der U-Bahn viele Menschen stört. Ich bitte Sie deshalb, Ihre MP3-Player und IPods in der U-Bahn leiser zu stellen und nur dann zu telefonieren, wenn es wirklich wichtig ist.

Danke!

Ihr Bürgermeister

b | Was schreibt der Bürgermeister? Formulieren Sie die Sätze.

	Der Bürgermeister schreibt, dass
er | jeden Tag | mit der U-Bahn | fahren	______
er | viel | über die Neustädter | erfahren	______
er | viele müde Menschen | gesehen haben	______
laute Musik | viele Menschen | stören	______
man | die Musik | leise | stellen müssen	______

c | Zwischen den Zeilen lesen: Was möchte der Bürgermeister wirklich? Kreuzen Sie an.

a. ☐ Er möchte alles über die Neustädterinnen und Neustädter wissen.

b. ☐ Er möchte, dass die Menschen in der U-Bahn nicht so viel Lärm machen.

17 Einen Text rekonstruieren

a | Ergänzen Sie die Anzeige.

bietet Unterstützung an | Bei Interesse | Brauchen Sie Hilfe | Mache | Vereinbarung

_____ in Haus und Garten?

Fleißiger, geschickter Mann _____.

_____ Renovierungen, Gartenarbeiten

und kleine Reparaturen am Auto.

Preis nach _____.

_____ bitte anrufen unter 0664 / 591935.

b | Vergleichen Sie den Text mit dem Lösungsschlüssel und korrigieren Sie.

c | Lernen Sie den Text Zeile für Zeile auswendig.
Decken Sie die Zeilen ab und schreiben Sie sie auf.

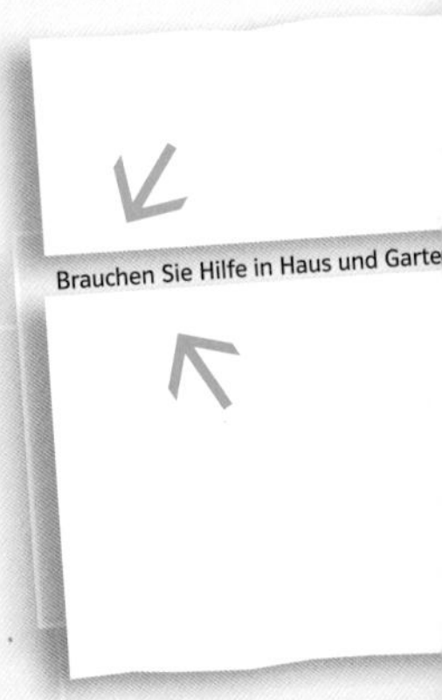

Brauchen _____?

Fleißiger, _____.

Mache _____

und _____.

Preis _____.

Bei _____ 0664 / 591935.

18 Richtig schreiben: b – p

Welches Wort passt? Setzen Sie ein: *Bar* | *Paar* | *backen* | *packen* | *Gebäck* | *Gepäck*

Petra und Paul sind ein nettes _____. Sie müssen noch _____, weil sie nach Peru fliegen. Im Flugzeug darf man nicht zu viel _____ haben.

Bea und Björn gehen abends gern in eine _____. Morgens essen sie gern frisches _____. Björn _____ jeden Sonntag frische Brötchen für Bea.

Meine 2. Identität

a | Erinnern Sie sich? Im A1-Intensivtrainer hatten Sie eine 2. Identität gewählt und Texte geschrieben. Arbeiten Sie nun in Ihrer 2. Identität weiter. Füllen Sie dafür zuerst den Steckbrief aus. Wenn Sie noch keine 2. Identität haben, dann legen Sie sich für diesen Band eine neue Identität zu. Träumen Sie!

Name: ______

Alter: ______

Familienstand: ______

Kinder: ______

Beruf / Jobs: ______

Fähigkeiten: ______

Hobbys: ______

b | Sie machen nun in Ihrer 2. Identität bei einer Arbeitstauschbörse mit. Da tauscht man Arbeit gegen Arbeit. Überlegen Sie und machen Sie sich zuerst Notizen.

- etwas Besonderes kochen?
- Haushaltsgeräte reparieren?
- Kleider nähen?
- Tango tanzen?

Was bieten Sie?

- Kuchen backen?
- Möbel bauen?
- Deutsch lernen?

???

Wobei brauchen Sie Hilfe?

c | Schreiben Sie zwei Anzeigen für das Schwarze Brett.

Ich biete: ______

Ich brauche: ______

12 Gar nicht so einfach!

➥ KB 1

1 Wie heißen die Wörter?

Schreiben Sie die Wörter richtig. Notieren Sie auch die Artikel.

1. HNTERUÜFRUNG ____________
2. LLESTAHELTE ____________
3. EPLRRPETOL ____________
4. SDLICH ____________
5. UMWIARCKLE ____________
6. MIEHSENROINE ____________

➥ KB 2

2 Was passt nicht?

Streichen Sie durch.

1. Die Rolltreppe ist außer Betrieb | ist kaputt | kommt nicht.
2. Der Aufzug funktioniert nicht | ist nicht pünktlich | bleibt stehen.
3. Die U-Bahn hat Verspätung | gibt es nicht | kommt gleich.
4. Der Automat kommt nicht | ist außer Betrieb | funktioniert nicht.

➥ KB 3

3 Mit der U-Bahn durch Wien

a | Ordnen Sie den Dialog.

- ▪ Wie viele Stationen sind das? ☐
- ▪ Entschuldigung, wie komme ich zum Stephansplatz? 1
- ▪ Ist es von dort noch weit bis zum Stephansplatz? ☐
- ▪ Und am Karlsplatz? ☐
- ▫ Das sind genau sechs Stationen. ☐
- ▫ Da steigen Sie in die Linie 1 Richtung Leopoldau um. ☐
- ▫ Nehmen Sie die Linie 4 in Richtung Heiligenstadt. Fahren Sie bis zum Karlsplatz. ☐
- ▫ Nein, Sie müssen nur eine Station fahren. ☐

b | Wie kommt man zum Stephansplatz? Ergänzen Sie.

____________ Sie die ____________ 4 in ____________ Heiligenstadt. Fahren Sie ____________ bis zum Karlsplatz. Steigen Sie da in die Linie 1 um und ____________ Sie eine ____________ bis zum Stephansplatz.

→ KB 4

4 Mit …

Schreiben Sie die Dativformen.

1. die Rolltreppe | das Auto | die Straßenbahn

   Ich fahre mit der Rolltreppe | ___ | ___.

2. ein Freund | eine Freundin | Freunde

   Ich verabrede mich mit ___ | ___ | ___.

3. mein Vater | meine Mutter | meine Kinder

   Ich telefoniere mit ___ | ___ | ___.

5 Mobil in der Stadt

Ergänzen Sie die Artikelwörter.

dem | dem | dem | dem | dem | den | der | der | der | einem | keiner | ~~welchem~~

Jedes Jahr gibt es in europäischen Städten die Mobilitätswochen. Dieses Jahr hat man verglichen, mit welchem Verkehrsmittel man am schnellsten in ___ Stadt unterwegs ist: mit ___ Auto, mit ___ Fahrrad oder mit ___ öffentlichen Verkehrsmitteln? Das Ergebnis ist eindeutig: In fast ___ Stadt ist das Auto praktisch, weil man mit ___ Auto oft im Stau steht oder lange einen Parkplatz suchen muss. Wer aber mit ___ Fahrrad zur Arbeit fährt, braucht nur wenig Geld und bleibt fit. Am sichersten fährt man natürlich auf ___ Fahrradweg. Auch mit ___ Bus, ___ Straßenbahn oder ___ U-Bahn fährt man günstig und es kostet nicht so viele Nerven.

→ KB 6

6 Stimmungen

Ordnen Sie die Wörter auf der Skala.

begeistert | enttäuscht | glücklich | wütend | zufrieden | unzufrieden

Ich bin …

☹ ___

___ ☺

➥ KB 8

7 Fehlersuche

Korrigieren Sie die markierten Fehler. Kreuzen Sie die richtige Form an.

Ich verkaufe einen sehr schönes Sofa.	☐ eines	☐ ein	☐ eine
Es ist erst 2 Jahre altes, blau und ausziehbar. Liegefläche: 170 x 190 cm	☐ alt	☐ alter	☐ alte
Es kosten 300 Euro (Neupreis: 1000 Euro)	☐ kostest	☐ kostet	☐ kostete
Müssen Sie es selbst abholen,	☐ Sie müssen	☐ Sie muss	☐ ihr müsst
ich helfe dir aber gern beim Tragen!	☐ sie	☐ Sie	☐ Ihnen

8 Erreichbare Ziele!

Schreiben Sie mit den Stichworten einen Text.

	Ich will
mein Job: machbar	meinen Job machen,
meine Probleme: lösbar	______________________________,
meine Pläne: realisierbar	______________________________,
viel Neues: erfahrbar	______________________________,
Liebe: fühlbar	______________________________,
mein Leben: lebbar	ich will ______________________________ können!

➥ KB 11

9 Möbel

Suchen Sie die Wörter in der Wortschatzliste im Arbeitsbuch und markieren Sie den richtigen Artikel. Wie sind die Pluralformen?

der | (das) | die	_ i _ _	die Bilder
der | das | die	_ t _ _ l	______________________
der | das | die	S _ _ _ e _	______________________
der | das | die	_ _ _ p _ _ _	______________________
der | das | die	_ a _ _ _ _ _	______________________
der | das | die	L _ _ _ l _ _ _ _	______________________

10 Präpositionen

Erinnern Sie sich? Zeichnen Sie die Symbole ☐ | ● neben die Präpositionen.

auf ⬚ vor über zwischen

an hinter unter in neben

11 Lokalangaben

Lesen Sie den Text und markieren Sie die Wechselpräpositionen und Nomen. Zeichnen Sie das passende Symbol für Dativ ⊗ oder Akkusativ ↗ darüber.

⊗
Im Zimmer von Max ist es immer chaotisch. Auf dem Fußboden liegen Hefte, Bücher und Schokoladenpapier, Hosen und Pullover wirft er immer auf das Bett. Jeden Tag stellt er seine Schultasche auf den Sessel, deshalb kann dort niemand sitzen. Aber heute hat Max einmal aufgeräumt: Der Pullover und die Hose sind unter der Bettdecke. Alle Hefte und Bücher hat er in die Schultasche getan und die Tasche in den Flur gestellt. Das Schokoladenpapier liegt jetzt unter dem Teppich. Max setzt sich in den Sessel und ist sehr zufrieden.

12 Sätze mit Lokalangaben legen

a | Schreiben Sie die Wörter auf Kärtchen.

3x: ER

2x: DAS BILD | DIE VASE | DIE ZEITUNG | UNTER | AN | AUF

1x: STEHT | STELLT | LIEGT | LEGT | HÄNGT

DEM TISCH | DEN TISCH | DEM BETT | DAS BETT | DIE WAND | DER WAND

b | Legen Sie Sätze.

DIE VASE | STEHT | …

ER | STELLT | DIE VASE | …

13 Wo ist was?

Sehen Sie das Bild an und ergänzen Sie die Sätze mit der passenden Präposition. Ergänzen Sie in jedem 2. Satz auch die Nomen.
Denken Sie an die Artikel!

in | über | vor | neben | auf

Lukas: Meine Krawatten liegen nicht ______ Kommode.

Lisa: Nein, ich habe sie ______ gelegt.

Lukas: Das Bild hängt nicht ______ Kommode.

Lisa: Nein, ich habe es ______ gehängt.

Lukas: Der rote Teppich liegt nicht ______ Bett.

Lisa: Nein, ich habe ihn ______ gelegt.

Lukas: Die Lampe steht nicht mehr ______ Kommode.

Lisa: Nein, ich habe sie ______ gestellt.

14 Das perfekte Chaos

Schreiben Sie einen Text im Perfekt.

die ganze Nacht im Krankenhaus arbeiten und nicht schlafen | am Morgen fast den Bus verpassen | schnell nach Hause rennen | Jacke an die Tür hängen | den Müll in den Schrank werfen | Geschirr auf den Tisch stellen | Pullover in die Spüle legen | um 10.00 Uhr auf dem Sofa einschlafen

Lisa hat die ganze Nacht ______

______

______

______

______

______

Um 10.00 Uhr ist ______

➥ KB 14

15 Was schlagen die Personen vor?

Sehen Sie die Bilder an und ergänzen Sie die Sätze mit den passenden Aktivitäten und den Wörtern im Schüttelkasten.

| könnten | nicht | schlage vor | egal | würde gern | auch | gern | möchte |

1. ▪ Wir ______________________.
   ▫ Hm, ich würde ______________
   ______________.

2. ▪ Ich ______________, dass ______________________.
   ▫ Ich weiß ______________. Ich ______________
   lieber ______________.

3. ▪ Ich ______________________.
   ▫ Mir ist es ______________.
   Wir könnten ______________________.

➥ KB 16, 17

16 Ausflugsziele

Ergänzen Sie die passenden Wörter und die Artikel.

| Wanderung | Stall | Führung | Klimaanlage | Bilder |

1. das Schloss | ______ Besichtigung | ______ ______________
2. ______ Betriebsausflug | ______ Reisebus | ______ ______________
3. ______ Galerie | ______ Kunstwerk | ______ ______________
4. ______ Natur | ______ Spaziergang | ______ ______________
5. ______ Bio-Hof | ______ Hofladen | ______ ______________

17 Komposita

Was passt zusammen? Korrigieren Sie und schreiben Sie.

Halteanlage	Bücherlampe	Haltestelle	
Leseregal	Bilderbus		
Reiserahmen	Klimastelle		
Essfest	Volkstisch		

18 Personalpronomen und Possessivartikel

a | Wiederholen Sie die Formen. Ergänzen Sie die Tabelle.

mir | dir | dein | ihm (2x) | ihr (3x) | sie (2x) | es | dich | mein | ~~mich~~ | Ihr | sein (2x) | euer | ihn | unser | ihnen | uns (2x) | euch (2x) | ~~Sie~~ | Ihnen

Personalpronomen	ich	du	er	es	sie	wir	ihr	sie	Sie
Akkusativ	mich								Sie
Dativ									
Possessivartikel									

b | Ergänzen Sie den Dialog. Achten Sie bei den Possessivartikeln auf die Formen.

▪ Grüß dich !

▫ Wer sind ______ ?

▪ Kennst ______ ______ nicht?

▫ Nein, tut ______ leid, ______ habe ______ noch nie gesehen.

▪ ______ Eltern waren Freunde. ______ bin Horst.

▫ Horst? Es tut mir leid, ich kenne ______ nicht und ich kenne auch ______ Eltern nicht.

▪ Das macht nichts. Aber ______ bist ______ sympathisch. Trinkst ______ mit ______ ein Bier? Und sag doch *du* zu ______ !

▫ Warum sollte ______ ______ duzen? Ich kenne ______ doch gar nicht.

19 Geschichten aus Neustadt

a | Max ist aufgeregt. Warum? Lesen Sie bitte den Text.

Am Freitag kommt Max aufgeregt von der Schule nach Hause. „Heute war ein Mann bei uns. Er arbeitet im Museum“, erzählt er Lisa. „Ich möchte am Sonntag ins Museum gehen. Da gibt es am Vormittag ein spezielles Programm nur für Kinder. Und es ist gar nicht teuer, es kostet nur fünf Euro oder so.“ „Am Sonntagvormittag?“, fragt Lisa, „aber da wollten wir doch mal ausschlafen.“ „Ich möchte aber ins Museum!“, ruft Max. „Da kann man lernen, wie die Menschen früher gelebt haben.“ „Meinetwegen“, meint Lisa, „es ist natürlich schön, dass du etwas lernen willst. Um wieviel Uhr beginnt denn das Kinderprogramm?“ „Oh, das habe ich vergessen“, ruft Max, „aber das steht alles auf dem Blatt.“

Kindernachmittag im Stadtmuseum

An jedem letzten Mittwoch im Monat, von 14.00 bis 16.00 Uhr

Kinder lernen ihre Stadt kennen und erfahren Interessantes über die Geschichte:
- Wie haben die Menschen früher gelebt?
- Welche Medizin konnte man in einer Apotheke kaufen?
- Was haben die Menschen gegessen und getrunken?
- Wie haben Kinder früher gespielt?

MuseumspädaogInnen führen die Kinder durch das Museum.
Alle Kinder zwischen 9 und 12 Jahren sind herzlich eingeladen.
Preise: 4 Euro pro Kind / Schülergruppen: 2 Euro pro Person

Lisa liest das Flugblatt, dann meint sie: „Oje, Max, ich fürchte, dass du noch ein bisschen warten musst. Ich glaube, dass wir am Sonntag doch ausschlafen können.“ „Ich möchte aber ins Stadtmuseum!“, ruft Max. „Also, guck mal, was da steht“, erklärt Lisa …

b | Markieren Sie die wichtigsten Informationen im Flugblatt.

Kindernachmittag: Wo? Wann? Alter der Kinder? Preis?

c | Was hat Max falsch verstanden? Kreuzen Sie an.

den Wochentag ☐ die Tageszeit ☐ das Programm ☐

den Ort ☐ die Uhrzeit ☐ den Eintrittspreis ☐

20 Einen Text rekonstruieren

Schicken Sie uns bitte ein Angebot | Vielen Dank im Voraus | Sehr geehrte Damen und Herren | würden … gern … essen | pro Person

a | Ergänzen Sie die Anfrage.

______________________________,

wir machen am 15. Mai einen Betriebsausflug an den Vierwaldstättersee.

Wir sind 30 Personen und ______________ nachmittags __________ etwas bei Ihnen ______________

Wir haben an typische Snacks der Region gedacht, wie z. B. „Chässchnitten".

Außerdem möchten wir ______________ ein alkoholfreies Getränk bestellen.

______________________________ bis Ende der Woche.

______________________________.

Mit freundlichen Grüßen

Maria Schmidt

b | Vergleichen Sie den Text mit dem Lösungsschlüssel und korrigieren Sie.

c | Lernen Sie den Text Zeile für Zeile auswendig.
Decken Sie die Zeilen ab und schreiben Sie sie auf.

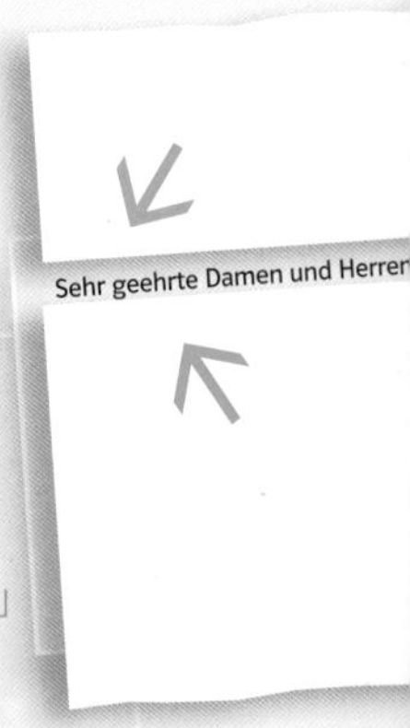

Sehr ______________________________,

wir ______________________________

______________ Vierwaldstättersee.

Wir ______________________________

______________________________.

Wir ______________________________,

wie z.B. „Chässchnitten".

Außerdem ______________________________

______________________________.

Schicken ______________________________.

Vielen ______________________________.

Mit ______________________________

Maria Schmidt

21 Richtig schreiben: Doppelkonsonanten

Ergänzen Sie die Doppelkonsonanten.

Halteste__e, Ro__stuhlfahrer, Ro__tre__e, Se__el, E__tisch, Ko__ode, Te__ich, Ki__en, Meta__, Geschi__, Sta__, Schlo__, verpa__en, re__en, ste__en, tre__en, origine__, verste__bar, ba__ierefrei, übera__, auf keinen Fa__, kla__e!

Meine 2. Identität

Schreiben Sie nun in Ihrer 2. Identität eine Anfrage. Was möchten Sie unternehmen? An wen möchten Sie schreiben? Welche Informationen brauchen Sie?

- eine große Gartenparty feiern
- einen Kartenabend mit Freunden
- einen Ausflug zum Autorennen
- einen Kindergeburtstag

???

Ich brauche: ______

Ich schreibe an: ______

Sehr geehrte ______

→ KB 1

1 Auf dem Fußballplatz

Ergänzen Sie den bestimmten Artikel.

1. ______ neue Trainer ist toll.
   Kennt ihr ______ Trainer schon?
   Sie arbeiten mit ______ neuen Trainer.
2. ______ Spiel war interessant.
   Ich freue mich schon auf ______ nächste Spiel.
   In ______ Spiel hat es ein gutes Tor gegeben.
3. ______ Mannschaft spielt schlecht.
   Holt ______ Mannschaft vom Spielfeld!
   Mit ______ Mannschaft gewinnen wir sicher nicht!
4. ______ Spieler sind nicht fit.
   Ich finde ______ Spieler zu wenig kreativ.
   Der Trainer hat ______ Spielern nicht geholfen.

→ KB 3

2 Für und gegen

a | Kreuzen Sie die richtige Präposition an.

1. Sie demonstrieren ☐ für ☐ gegen mehr Demokratie.
2. Das Medikament ist ☐ für ☐ gegen Kopfschmerzen.
3. Er trainiert ☐ für ☐ gegen die Meisterschaft.
4. Bayern München spielt ☐ für ☐ gegen Borussia Dortmund.

b | Ergänzen Sie die Überschriften zu den Zeitungsnachrichten. Verwenden Sie *für* oder *gegen*.

1. Sieg ______ Werder Bremen
   Werder Bremen hat am Abend in einem spannenden Spiel mit 3:2 die Meisterschaft gewonnen.
2. Demonstration ______ die Regierung
   3000 Menschen haben in Berlin demonstriert. Sie sind mit der Regierung nicht einverstanden.
3. Hilfe ______ Opfer
   Nach der Katastrophe haben viele Bürger Geld gesammelt, weil sie den Opfern helfen wollen.
4. Protest ______ Atomkraftwerk
   Letzten Montag haben viele Menschen protestiert. Sie wollen, dass das Atomkraftwerk nicht gebaut wird.

KB 4

3 Ein Rendezvous

Rita und Leo haben ein Rendezvous. Wie bereiten sie sich vor? Ordnen Sie zu und schreiben Sie Sätze.

sich duschen | sich kämmen | sich rasieren | die Haare waschen | sich schminken | sich ein Kleid anziehen | sich die Zähne putzen

beide: Sie ______ ______

______ ______

Rita: Leo:

Sie ______ Er ______

______

4 Ist das möglich?

Ergänzen Sie das Reflexivpronomen im Dativ und markieren Sie die Akkusativergänzung.

1. Lou hat sich die Beine rasiert.
2. Ich habe ______ die Haare selbst geschnitten.
3. Wir haben ______ vor dem Termin beim Chef die Schuhe nicht geputzt.
4. Viele Menschen waschen ______ vor dem Essen nicht die Hände.
5. Du föhnst ______ zweimal täglich die Haare!?
6. Ihr habt ______ nur Bücher zu Weihnachten geschenkt?

5 Dativ oder Akkusativ?

Ergänzen Sie das Reflexivpronomen und analysieren Sie die Formen.

Wir wollen zusammen ins Kino, aber ich muss ______ noch die Zähne putzen, du musst ______ noch umziehen, unser Sohn muss ______ noch die Haare föhnen, wir alle müssen ______ beeilen, weil der Film in einer halben Stunde beginnt. Habt ihr auch so viel Stress, wenn ihr ______ entspannen wollt? Viele Menschen überlegen es ______ deswegen oft anders und bleiben zu Hause.

➥ KB 6

6 Textgrammatik

Lesen Sie den Text aus dem Kursbuch und kreuzen Sie die richtige Bedeutung der markierten Wörter an.

Fatmire „Lira" Bajramaj wird am 1. April 1988 in Gjurakovc (im ehemaligen Jugoslawien) geboren. Im Alter von fünf Jahren flieht sie mit ihrer Familie (1) aus dem Kosovo nach Deutschland, wo (2) sie eine Kindheit zwischen Armut und Rassismus erlebt. Heimlich und gegen den Willen ihres Vaters beginnt sie, Fußball zu spielen. Schnell erkennt der (3) jedoch ihr Talent (4), und eine große Karriere beginnt. Mit 21 Jahren ist die erste Muslima der deutschen Frauenfußball-Nationalmannschaft (5) bereits Welt- und Europameisterin.

1. ☐ die Familie Bajramaj ☐ Fatmire und eine Familie
2. ☐ im Kosovo ☐ in Deutschland
3. ☐ der Trainer ☐ der Vater
4. ☐ das Talent von Fatmire ☐ das Talent der Fußballmannschaft
5. ☐ Fatmire ☐ eine Muslima

➥ KB 8

7 Sportarten

Wie viele Sportarten finden Sie? Notieren Sie.

V	O	L	L	E	Y	B	A	L	L	N	M
F	R	E	I	S	H	O	C	K	E	Y	B
U	U	C	Q	P	A	X	X	E	N	T	A
S	D	Y	G	L	T	E	N	N	I	S	L
S	E	L	H	H	A	N	D	B	A	L	L
B	R	S	C	H	W	I	M	M	E	N	E
A	N	A	B	T	A	N	Z	E	N	A	T
L	M	J	R	V	J	O	G	G	E	N	Ö
L	B	A	S	E	B	A	L	L	X	E	T

8 Was braucht man für den Sport?

a | Schreiben Sie Sätze.

Schlittschuhe | Musik | Schnee | Badekleidung | Eis | einen Partner / eine Partnerin | Wasser | Schier

Zum ______________ braucht man ______________ und ______________.

Zum ____.

Zum ____.

Zum ____.

b | Ordnen Sie die Bilder zu und ergänzen Sie die Sätze.

1 

2 

3 

4 

☐ Beim ______________ ist es wichtig, dass man stark ist.

☐ Beim ______________ ist es wichtig, dass man sich gut konzentriert.

☐ Beim ______________ ist es wichtig, dass man gute Schuhe hat.

☐ Beim ______________ ist es wichtig, dass man auf den Rhythmus achtet.

➥ KB 11

9 Das Auto

Diese Begriffe kennen Sie schon. Schreiben Sie die Wörter mit dem Artikel auf.

10 Geräusche in der Stadt

Ergänzen Sie die Nomen.

Das Brummen von Bussen, das ___ von Straßenbahnen, das ___ von Rollkoffern auf dem Asphalt, das ___ von Handys, das ___ von Mülleimern, das ___ von Flaschen.

– Was für ein Lärm!

➥ KB 12

11 Werkzeug

Sehen Sie die Zeichnungen im Kursbuch an. Welche Gegenstände passen zusammen? Ordnen Sie zu.

der ___ + der ___

der ___ + ___ ___

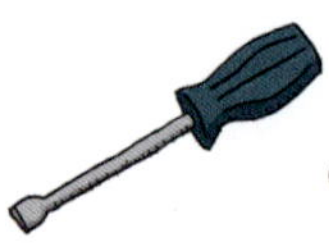

der ___ + die ___ +

___ Bo___ + ___ D___

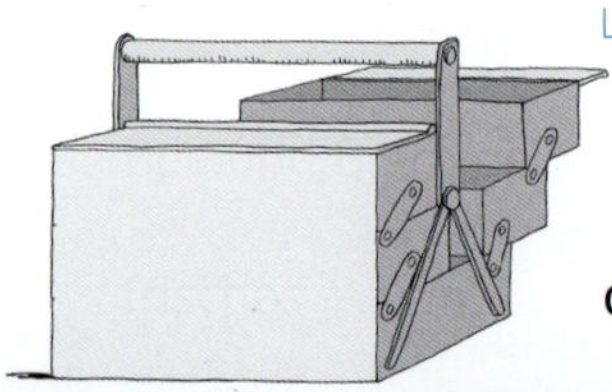

die ___ + das ___

➥ KB 14

12 Zwei Dialoge im Baumarkt

a | Ergänzen Sie die Sätze mit dem richtigen Temporaladverb: *noch*, *erst*, *nicht mehr*, *schon*.

1. Guten Tag. Ich brauche ______ einen Eimer von dieser Farbe.
2. Entschuldigung, können Sie mir helfen? Ich brauche ______ fünf Nägel Größe 7.
3. Ich bin ______ bei Ihnen. Wir haben Nägel nur ______ in Packungen zu 20 und 50 Stück.
4. Es tut mir leid, diese Farbe gibt es ______ .
5. Ich brauche aber nur fünf Stück. Letztes Jahr haben Sie Nägel ______ einzeln verkauft.
6. Das machen wir ______ . Wir haben nur ______ große Packungen.
7. Aber ich habe sie ______ vor zwei Wochen gekauft!
8. Das kann sein. Wir hatten nur ______ einige Eimer. Darum war die Farbe so billig.
9. Oh, das habe ich nicht gewusst. Was mache ich denn jetzt?
10. Danke, dann frage ich in einem Fachgeschäft.

b | Ordnen Sie die Dialoge.

Dialog 1: ___ ___ ___ ___ ___ Dialog 2: ___ ___ ___ ___ ___

➥ KB 16

13 Fehlersuche

Im Text sind fünf Fehler. Markieren Sie die Fehler, wählen sie im Schüttelkasten das richtige Wort aus und schreiben Sie die Korrektur daneben.

Mein | meiner | heiratet | heiratet sich | eine | ein | am | um | das | er

Guten Tag! Meine Name ist Marko Kovac. Meine Tochter ....

verheiratet am 8. Mai und wir suchen einen gutes Restaurant. ....

Wir brauchen Platz für 50 Personen und wollen 3 Menüs zur ....

Wahl und in Mitternacht eine Suppe. Die Musik organisieren ....

wir selbst. Ist so möglich? ....

➥ KB 20

14 Werkzeug für Heimwerker

Schreiben Sie Sätze.

Karl muss zu Hause immer etwas arbeiten. Jeden Samstag fährt er in den Baumarkt.

Seine Frau fragt ihn:

1. Wozu brauchst du die Farbe?

Damit ich die Wand ____________________

2. Wozu brauchst du den Schraubenzieher?

____

3. Wozu brauchst du ____________________?

____

4. Wozu ____________________?

____

5. Wozu ____________________?

____

6. Wozu brauchst du drei ____________________?

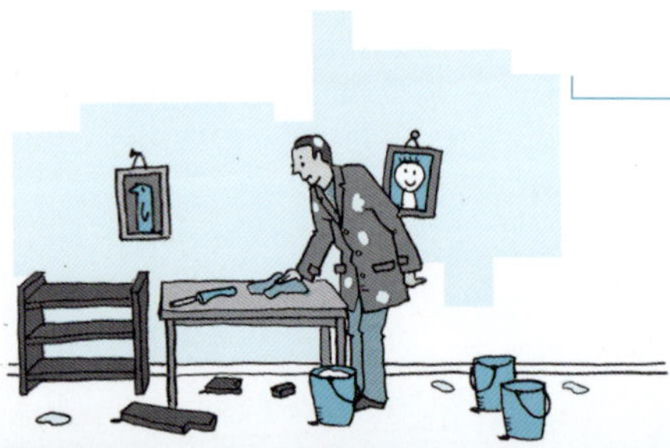

____

15 Geschichten aus Neustadt

a | Lesen Sie bitte den Text.

Schwester Sofia arbeitet ehrenamtlich

Es ist Freitagabend und Lisa und ihre Kolleginnen und Kollegen von der Tagesschicht haben sich in einem Café getroffen. Sie wollen noch etwas essen und trinken und sich ein bisschen unterhalten. Nur Schwester Sofia ist nicht dabei. „Schade, dass Sofia nicht mitgekommen ist“, meint Lisa, „sie hatte es sehr eilig. Vielleicht trifft sie sich mit ihrem Freund.“ „Heute ist doch der erste Freitag im Monat“, antwortet ihr Kollege Markus. „Da arbeitet Sofia immer ehrenamtlich für die med.hilfe.“ „Was ist denn das?“, fragt Lisa. „Das ist eine soziale Einrichtung der Stadt. Dort bekommen Menschen ohne Krankenversicherung Hilfe. Freitag ist immer besonders viel los. Deshalb hat sich Sofia so beeilt“, erklärt Markus. Zu Hause sucht Lisa im Internet die Homepage der med.hilfe.

med.hilfe.de | Über uns | Aktuelles | Informationsmaterial

Die med.hilfe ist für Bürgerinnen und Bürger ohne Krankenversicherung da, damit sie im Fall einer Krankheit Hilfe bekommen können.
Die Stadt Neustadt finanziert die Räume und eine Angestellte für die Verwaltung.
Ärzte und Krankenpfleger/innen unterstützen uns ehrenamtlich in ihrer Freizeit. Das garantiert eine professionelle Versorgung unserer Bürger, die keine Arbeit und oft auch keine Wohnung haben.
Möchten Sie auch helfen? Dann rufen Sie bitte an unter: 649931. Oder schreiben Sie eine E-Mail an: med.hilfe@neustadt.de

b | Was passt zusammen? Ordnen Sie die Nebensätze den Hauptsätzen zu. Verbinden Sie.

☐ Die Initiatoren hoffen, ○	○ weil sie etwas essen und trinken wollen.
☐ Lisa sucht die Homepage der med.hilfe, ○	○ sie arbeitet einmal im Monat ehrenamtlich.
☐ Lisa geht mit ihren Kollegen und Kolleginnen in ein Café, ○	○ weil sie sich informieren will.
☐ Die med.hilfe ist eine Einrichtung der Stadt, ○	○ damit Menschen ohne Krankenversicherung Hilfe bekommen können.
☐ Schwester Sofia ist nicht dabei, ○	○ dass sich mehr Menschen melden.

c | In welcher Reihenfolge kommen die Sätze im Text vor? Nummerieren Sie.

16 Einen Text rekonstruieren

a | Sie haben auf eine Bestellung keine Antwort bekommen und schreiben noch eine E-Mail.
Ergänzen Sie die Nachfrage. (Achtung: Zwei Vorschläge passen nicht.)

von Ihnen bekommen | Bitte informieren Sie mich | an Sie geschickt | Bitte, schreibt mir | für den 3. 9. | Mit freundlichen Grüßen | Auf Wiedersehen

Sehr geehrte Damen und Herren,

vor zwei Tagen habe ich eine E-Mail ______________________.

Ich habe ______________ ein Menü für eine Feier bestellt.

Leider habe ich noch keine Antwort ______________________.

Können Sie die Bestellung annehmen? ______________________ bis morgen.

____

Sandra König

b | Vergleichen Sie den Text mit dem Lösungsschlüssel und korrigieren Sie.

c | Lernen Sie den Text Zeile für Zeile auswendig.
Decken Sie die Zeilen ab und schreiben Sie sie auf.

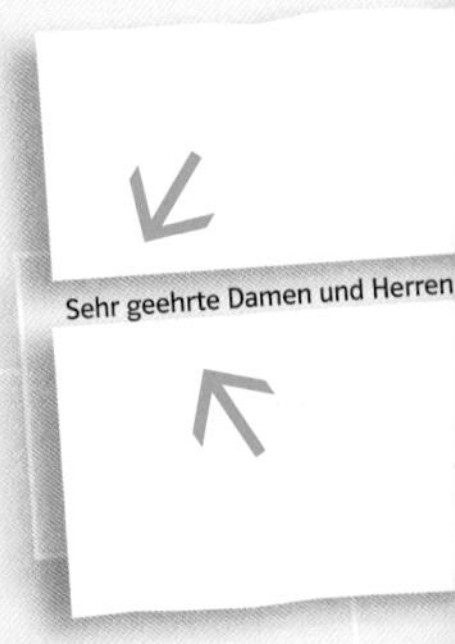

Sehr ______________________,

vor ______________________.

Ich ______________________.

Leider ______________________.

Können ______________________

______________________.

Mit ______________________

Sandra König

17 Richtig schreiben: ie

a | Ergänzen Sie die Wortfamilien.

l _ _ _ _ _ bar | der Sp _ _ _ _ _ | die F _ _ _ _ _ _ _ _ _ _ _

liefern | spielen | finanzieren

die L _ _ _ _ _ _ _ _ | das S _ _ _ _ _ _ ld | f _ _ _ _ _ _ _ _ bar

b | Ergänzen Sie die Verben.

-gieren | -bieren | -sieren | -nieren | -rieren | -gieren

1. sich enga__________ | 2. sich interes__________ | 3. integ__________

4. trai__________ | 5. pro__________ | 6. rea__________

Meine 2. Identität

In Lektion 12 haben Sie in Ihrer 2. Identität eine Anfrage geschrieben.
Sie haben keine Antwort bekommen. Schreiben Sie nun eine weitere E-Mail und fragen Sie nach.
Lesen Sie vorher noch einmal nach, was Sie organisieren wollten.

Sehr __________

____

____

____

____

____

____

____

Wie geht es weiter?

➥ KB 1

1 Schule, Studium, Beruf

a | Wie heißen die Wörter? Notieren Sie die Wörter mit Artikel.

1. ATURBI
   das ______
2. CHSLUUMNGU
   ______
3. TIKRAPMUK
   ______
4. LLETSE
   ______
5. GNUSAUILDB
   ______
6. BEIEBTR
   ______
7. SRESTEME
   ______
8. PLIDOM
   ______

b | Zu welchen Bereichen gehören die Wörter von oben? Ordnen Sie zu. (Tipp: Zwei Wörter passen dreimal.)

Schule: 1, ______ Studium: ______ Beruf: ______

➥ KB 3

2 Schulsachen

a | Was ist das? Schreiben Sie.

1. der ______

2. das ______

3. die ______

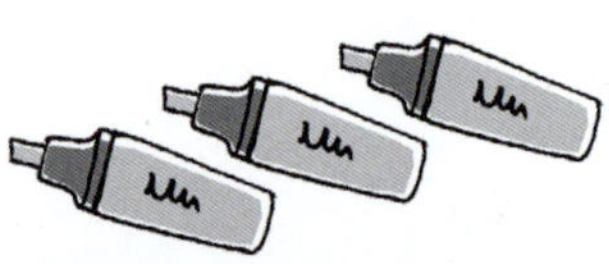

4. die ______

b | Ergänzen Sie die Nomen mit dem Demonstrativartikel.

Dieser ______ ist lang genug.

Kann ich ______ haben?

Mit ______ schreibe ich schön.

______ gehört Mira.

Sie mag ______ .

Auf diesem ______ sind viele Zahlen.

______ ist neu.

Mira hat sich ______ gewünscht.

Sie arbeitet gern mit ______ .

______ sind sehr bunt.

Leih mir ______ auch mal!

Mit ______ bin ich zufrieden.

3 In der Schule

Ergänzen Sie das passende Demonstrativpronomen.

1. Ist das deine Deutschlehrerin?

   – Nein, ich habe einen Lehrer. Es ist ______ mit dem roten Hemd. — den | der | die

2. Sind wir jetzt in diesem Klassenzimmer?

   – Nein, in ______ . — diese | dieser | diesem

3. Gehst du mit diesen Mädchen in dieselbe Klasse?

   – Nicht mit allen, nur mit ______ . — diese | diesen | dieser

4. In welche Schule möchtest du gehen?

   – In ______ mit dem guten Sportangebot. — der | das | die

5. Zeig mal das Foto. Welchen Lehrer hast du am liebsten?

   – ______ mit dem Bart. — Der | Dem | Den

→ KB 5

4 Reaktionen

Ergänzen Sie die beiden Dialoge.

Das sehe ich ein bisschen anders. | Das stimmt nicht. | Das müssen Sie mir genauer erklären. | So ein Unsinn!

1. Höflich:
   - ▪ Leider ist Ihre Tochter manchmal unkonzentriert.
   - ▫ Wie meinen Sie das? ______
   - ▪ Nun, sie spricht immer mit ihrer Nachbarin oder zeichnet in ihr Heft.
   - ▫ ______ Sie langweilt sich oft im Unterricht.
   - ▪ Wirklich? Das tut mir leid. Was macht ihr denn Spaß?

2. Unhöflich:
   - ▪ Ihr Sohn kommt oft zu spät in den Unterricht.
   - ▫ Das ______ Er geht immer pünktlich von zu Hause weg.
   - ▪ Das glaube ich. Vielleicht macht er aber manchmal einen Umweg.
   - ▫ ______ Mein Sohn macht so etwas nicht.
   - ▪ Jedenfalls kommt er nicht pünktlich in die Schule.

➥ KB 10

5 Fehlersuche

Im Text sind fünf Fehler. Markieren Sie die Fehler, wählen Sie im Schüttelkasten das richtige Wort aus und schreiben Sie die Korrektur daneben.

Spanisch | Spanien | Deutsch | Deutschen | deines | dein | müssen | könnten | sich | dich

Hallo, ich heiße Fernando, komme aus Espania und bin als ....

Austauschstudent für ein halbes Jahr in Deutschland. ....

Ich suche einen Deutscher oder eine Deutsche als ....

Tandempartner. ....

Willst du deine Spanisch verbessern und mit mir Deutsch ....

lernen? ....

Wir möchten einmal pro Woche gemeinsam etwas ....

unternehmen und Spanisch und Deutsch sprechen. ....

Melde dir unter 0171 / 503 21 717 ....

6 Kleine Sprachen

a | Ergänzen Sie die Wörter.

Alb________, Dä________, Est________, Fin________,

Heb________, Ir________, Kroa________, Lit________,

Maz________, Nor________, Slowe________,

Tsch________, Un________

b | Wo spricht man diese Sprachen? Verbinden Sie.

Okzitanisch ○	Paschtunisch ○	Färöisch ○	Walisisch ○	Hebräisch ○
○ Pakistan	○ Wales	○ Israel	○ Provence	○ Färöer-Inseln

➥ KB 11

7 wenn-Fragen aus dem Internet

a | Formulieren Sie die Fragen.

Was ist, …

1. einen Stein | man | legt | in die Waschmaschine

wenn ____ ?

2. nie | spricht | der Partner | über Probleme

____ ?

3. mit dem Ball | den Schiedsrichter | man | trifft

____ ?

4. es gibt | die Liebe | doch

____ ?

b | Ordnen Sie die Antworten den Fragen zu.

a. Dann geht das Spiel weiter. ____

c. Dann finden Sie sie vielleicht. ____

b. Dann geht sie kaputt. ____

d. Dann lassen Sie sich scheiden. ____

8 Studieren in der Schweiz

Ergänzen Sie die Hauptsätze.

1. eine Landessprache sprechen müssen

Du musst eine ________________________, wenn du in der Schweiz studieren willst.

2. Französisch lernen müssen

Wenn du zum Beispiel in Lausanne studieren willst, ________________________

3. dich an die Universität wenden

Wende ________________________, wenn du genaue Informationen brauchst.

4. dich bis 30. April anmelden müssen

Wenn du im Herbst beginnen willst, ________________________

5. die Studiengebühren vergleichen

________________________, wenn du nicht viel Geld hast.

9 Wenn ich im Lotto gewinne!

Beantworten Sie die Fragen. Lesen Sie dafür immer die nächste Frage.

1. ▪ Was ist, wenn ich im Lotto gewinne?

   ▫ Wenn du im Lotto gewinnst, dann heirate ich dich.

2. ▪ Und wenn wir geheiratet haben?

   ▫ ______

3. ▪ Und wenn wir von der Hochzeitsreise zurückkommen?

   ▫ ______

4. ▪ Und wenn wir die Villa gebaut haben?

   ▫ ______

5. ▪ Und wenn wir den Ferrari gekauft haben und kein Geld mehr da ist?

   von | dann | beginnen | vorne | wir ▫ Tja, ______

➥ KB 14

10 Kindheitserinnerungen

a | Markieren Sie im Text die Verben mit festen Präpositionen.

Als Kind habe ich mich sehr für Fußball interessiert. Ich habe mich tagelang auf ein Spiel gefreut und an nichts anderes gedacht. In den Pausen habe ich mich mit meinen Freunden nur über Fußball unterhalten. Wir haben alle von dem Fußballstar Maradona geträumt. Ein paar von uns haben sich um einen Platz in der Schulmannschaft beworben. Mich haben sie leider nicht genommen. „Mädchen", haben sie gesagt, „dürfen nicht mitspielen."

b | Wie heißen die Fragen? Ergänzen Sie die Fragewörter und schreiben Sie eine kurze Antwort.

Von wem | Wofür | Worum | Mit wem | Worauf

1. ______ hat sie sich als Kind sehr interessiert? Für Fußball.
2. ______ hat sie sich immer gefreut? ______
3. ______ hat sie sich in den Pausen unterhalten? ______
4. ______ hat sie geträumt? ______
5. ______ haben sich einige Schüler beworben? ______

______

11 Wie bitte?

Ergänzen Sie die Präpositionen und schreiben Sie die Fragesätze.

1. ▪ Wir denken oft ______ unsere Eltern.
   ▫ Wie bitte? An wen ______
2. ▪ Das führt ______ keiner Lösung.
   ▫ ______
3. ▪ Ich verwechsle ihn oft ______ seinem Bruder.
   ▫ ______
4. ▪ Sie trifft sich gern ______ meinen Kollegen.
   ▫ ______
5. ▪ Er meldet sich morgen ______ die Deutschprüfung an.
   ▫ ______

12 Akkusativ oder Dativ?

a | Welcher Kasus passt? Ergänzen Sie bitte. (Tipp: Analysieren Sie die Sätze in den Aufgaben 10 und 11.)

1. gehören zu + Dat
2. sich freuen über + AKK / auf + ______
3. sich anmelden für + ______
4. sich interessieren für + ______
5. sich bewerben bei + ______ / um + ______
6. führen zu + ______
7. sich treffen mit + ______
8. sich unterhalten mit + ______ / über + ______
9. träumen von + ______
10. denken an + ______

b | *Auf* oder *über*? Was passt wo? Ergänzen Sie die Sprechblasen.

Ich freue mich ______

Ich freue mich ______

➥ KB 15

13 Bewerbungsschreiben

Ergänzen Sie die typischen Sätze aus Bewerbungsschreiben. Achten Sie auf die richtigen Formen.

sich über eine Einladung zu … freuen | als … bei … gearbeitet haben | mit großem Interesse lesen | sich um die Stelle als … bewerben

1. ______ ______ ______ habe ich Ihre Anzeige ______.
2. Ich ______ ______ ______ die ______ ______ Russischlehrer.
3. Ich habe acht Jahre lang ______ Maurer ______ der Firma Bau ______.
4. Über ______ ______ ______ einem Vorstellungsgespräch ______ ______ ______.

14 Wiederholen Sie: weil, damit, wenn

Schreiben Sie Sätze.

	Grund	Ziel	Bedingung
Toni möchte Mechaniker werden.	Er interessiert sich für Autos.	Er kann die Autos seiner Freunde reparieren.	Er muss eine Lehre machen.
Monika möchte Ärztin werden.	Sie möchte anderen Menschen helfen.	Sie kann die Praxis ihres Vaters übernehmen.	Sie muss das Abitur machen.
Fritz wollte als Kind Astronaut werden.	Er war ein Fan von Neil Armstrong.	Er kann die Erde von oben sehen.	

1. Toni möchte Mechaniker werden, weil ______
Toni möchte Mechaniker werden, damit ______
Wenn Toni Mechaniker werden will, ______
2. Monika ______
______
______
3. Fritz wollte ______
______

15 Geschichten aus Neustadt

Nil | Kilimandscharo | Ganges | Popocatépetl

a | Lesen Sie die Anzeigen und ergänzen Sie Namen der Lokale.

1 __________

Wir bieten indische Spezialitäten und vegetarische Gerichte, auf Wunsch original scharf!

Kommen Sie samstags zu unseren Curry-Spezialitäten (pünktlicher Beginn 12:00)!

2 __________

Afrikanische, internationale, regionale und vegetarische Küche – wir bieten afrikanische Spezialitäten aus allen Teilen Afrikas und viele internationale Speisen.

Afrikanische Musik und Livekonzerte.

3 __________

Mexikanische, amerikanische, karibische Küche

Genießen Sie originale Speisen!

Besonders lecker sind unsere Tortillas!

4 __________

In unserem ägyptischen Restaurant schmeckt das Bier nach Datteln und Feigen! Aber auch unser Essen überrascht! Bei uns fühlen Sie sich wie in einer Oase.

b | Welche Wörter fehlen? Lesen Sie den Text und ergänzen Sie die Lücken.

Ein Lokal für die Geburtstagsrunde

Auf Lisas Station im __________ gibt es eine Geburtstagsrunde: Fünf Krankenschwestern feiern ihre __________ gemeinsam, jedes Mal in einem anderen Restaurant. Nun ist Lisa an der Reihe und überlegt, welches __________ sie wählen soll. Ratlos blättert sie im Restaurantführer von Neustadt. Es soll etwas Exotisches sein, vielleicht auch mit Musik. „Geh doch in das Café, in dem Claudia arbeitet" schlägt Max vor. Aber Lisa meint: „Wenn ich schon meinen Geburtstag feiere, dann möchte ich ein richtiges Restaurant mit einer großen Speisekarte." Ihre Kollegin Gitta hat ihr nach dem Ägyptenurlaub von der ägyptischen __________ und vor allem vom Bier erzählt. Das __________ ist ein gutes Restaurant. Sara verträgt aber die arabischen Gewürze schlecht. Inge ist Vegetarierin, für sie sollte es also auch etwas Gutes geben. Da ist zum Beispiel ein indisches Lokal ideal, aber das __________ ist ziemlich klein und immer sehr voll. Und Conni hat erklärt, dass sie am liebsten einen richtigen deutschen Schweinebraten essen möchte, weil sie seit dem Urlaub in Mexiko genug hat von scharfen und ungewöhnlichen __________.
„Es ist wirklich nicht einfach", seufzt Lisa. „Aber Moment, jetzt habe ich eine Idee! Ich denke, dass wir ins __________ gehen. Für Inge gibt es dort etwas Vegetarisches, Gitta kann __________ essen und Conni bekommt ihren __________ und __________ gibt es auch!"

16 Einen Text rekonstruieren

a | Ergänzen Sie die Mitteilung an den Klassenlehrer. Zwei Vorschläge passen nicht.

geehrte | für ein Gespräch | das | Ich habe noch eine Bitte | geben Sie mir bald Bescheid | dass | geehrter

Sehr ___ Herr Holzer,

ich nehme gern den Termin am 24. 3. ___ wahr.

___ : Wir besuchen im April Verwandte in den USA.

Ist es möglich, ___ mein Sohn Jan einen Tag später aus den Ferien zurückkommt?

Bitte ___ , damit ich die Flüge buchen kann.

Mit freundlichen Grüßen

Mirko Bosnak

b | Vergleichen Sie den Text mit dem Lösungsschlüssel und korrigieren Sie.

c | Lernen Sie den Text Zeile für Zeile auswendig.
Decken Sie die Zeilen ab und schreiben Sie sie auf.

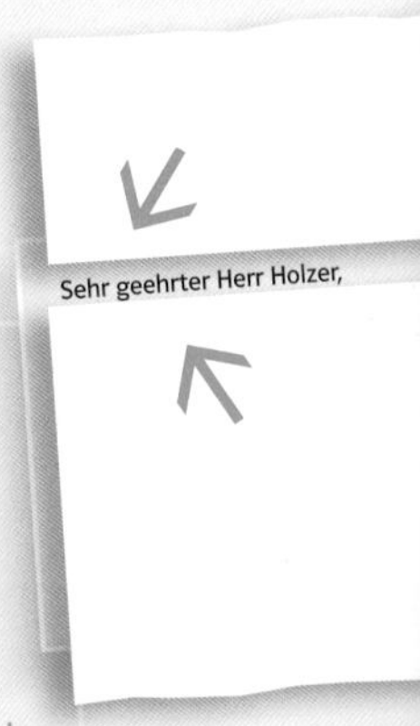

Sehr ___ Holzer,

ich ___

___ .

Ich ___

___

Ist ___

___ ?

Bitte ___

___ .

Mit ___

Mirko Bosnak

17 Richtig schreiben: Groß- und Kleinschreibung

Groß oder klein? Ergänzen Sie die Anfangsbuchstaben im Interview.

- Sie sind ja zweisprachig: Ihr Vater ist ___panier, Ihre Mutter ist ___eutsche. Wie sprechen Sie zu Hause?
- Mit den ___eutschen Verwandten spreche ich ___eutsch, mit den anderen ___panisch.
- Haben Sie auch eine Lieblingssprache?
- Nein, es kommt auf die Situation an. Zum Beispiel sehr persönliche Dinge sage ich meinem Vater nur auf ___panisch und meiner Mutter auf ___eutsch.
- Möchten Sie Ihre Zweisprachigkeit auch beruflich nutzen?
- Ja, ich studiere ___panisch.

Meine 2. Identität

Sie haben in Ihrer 2. Identität einen Beruf gewählt. Stellen Sie sich vor, Sie lesen nun in der Zeitung eine passende und sehr interessante Stellenanzeige. Bewerben Sie sich!
Notieren Sie vorher:

- Um welche Stelle handelt es sich?
- Welche Berufserfahrung haben Sie?
- Wie sieht Ihre Fachkompetenz aus?

Sehr geehrte ___

Das wird schön!

➥ KB 1, 3

1 Dings

Worum geht es? Notieren Sie den Begriff mit dem Artikel.

1. Das Dings auf der Geburtstagstorte. Man zündet es an. ______
2. Das Dings, das man bei einer neuen Wohnung feiert. ______
3. Das Dings, wenn zwei Menschen heiraten. ______
4. Das Dings, wenn sich alle verkleiden. ______
5. Das Dings kann man trinken. Es blubbert und ist Alkohol. ______

➥ KB 4

2 sollen

Ergänzen Sie die Formen von *sollen*.

______ ich das wirklich allein machen? ______ du mir nicht dabei helfen?

______ er vielleicht den Chef noch einmal fragen? ______ wir einfach streiken?

______ ihr das auch machen? – Was ______ sie alle tun?

➥ KB 5

3 Ein Fest planen

Schreiben Sie Sätze. Achten Sie auf die richtigen Präpositionen und den richtigen Kasus!

Wann?	Mit wem?	Wo?	Was?
Sonntag Sommer Juni 18.00 Uhr Nachmittag	Freunde die Hotelgäste die Kinder Kollegen die Familie	Garten Italien Park Kursraum bei uns	ein Grillfest eine Poolparty der Kindergeburtstag das Semesterende der Geburtstag von Papa

Wir feiern …

1. am Sonntag mit Freunden ______
2. ______
3. ______
4. ______
5. ______

➥ KB 6

4 Fehlersuche

Korrigieren Sie die markierten Fehler. Schreiben Sie die richtige Form daneben.

Lieben Kolleginnen und Kollegen, ____________

ich freue mich, euch mitteilen zu können, dass ich meinen Prüfung ____________

habe bestanden. Das möchte ich gern mit euch allen feiern, weil ihr ____________

mich immer unterstützt habt.

Ich lade euch deshalb im nächsten Freitag um 18.00 Uhr zu einer ____________

kleinen Feier in die Cafeteria ein. Es gibt Spezialitäten aus meiner

Heimat und auch etwas zu trinken.

Bitte geben Sie mir bald Bescheid, ob ihr kommen könnt. ____________

Jelena

➥ KB 7

5 Wiederholen Sie die Verneinung

a | Verneinen Sie die folgenden Sätze mit *nicht*.

1. An Fasching verkleiden wir uns. ____________
2. Wir laden sie ein. ____________
3. Das ist peinlich. ____________
4. Sie sind gestern gekommen. ____________
5. Wir haben das gewusst. ____________

b | Schreiben Sie die Wörter auf Kärtchen und legen Sie Sätze. Wie viele Möglichkeiten finden Sie?

WIR | UNSERE FREUNDE | HABEN |
EINGELADEN | NICHT

WIR HABEN

c | Verneinen Sie die folgenden Nomen mit *kein*.

Ich wünsche mir zum Geburtstag kein Buch, ______ Krawatte und auch ______ Rasierwasser. Ich möchte ______ CDs, ______ Socken und ganz sicher ______ Rasierapparat. ______ Mensch soll mir gratulieren. – Ich möchte nur meine Ruhe haben!

6 Kurze Reaktionen

Verbinden Sie.

Das ist ein ○	○ doch nichts.
Das ist mir ○	○ auch schon passiert.
Das macht ○	○ nicht schlimm.
Das ist mir ○	○ Missverständnis.
Das ist doch ○	○ jetzt aber peinlich.

➥ KB 8

7 werden + Adjektiv

Herr Prochaska macht eine Wanderung in den Bergen. Am Anfang macht es ihm Spaß, aber schon nach kurzer Zeit ändert sich plötzlich alles. Schreiben Sie.

1. Das Wetter wird schlecht.
2. Der Rucksack ______
3. ______
4. Es ______
5. Und Herr Prochaska ______ ______

8 Was Erwachsene oft zu Kindern sagen

Ergänzen Sie die Formen von *werden*.

Du bist aber groß ______. Du ______ sicher so hübsch wie deine Mutter. Der Junge ______ immer mehr wie sein Großvater. Das Kind ______ einmal berühmt. Kinder ______ zu schnell erwachsen. Jaja, an den Kindern sieht man, dass wir alt ______.

KB 10–13 9

Dr. Eder hilft

a | Lesen Sie den Brief an Dr. Eder und ergänzen Sie die Lücken.

Lieber Dr. Eder,

Was ______ ich nur machen? Meinem Mann ______ es nicht gut. Er hat oft starke Rücken______, Kopfschmerzen und ______hochdruck. Wahrscheinlich liegt das daran, ______ er viel am Computer sitzt und oft zu langweiligen Partys mit schrecklichem Essen gehen muss. So geht es nicht weiter! Können Sie mir einen ______ geben?

Ihre Hanna W.

b | Dr. Eder hat Notizen gemacht. Schreiben Sie mit Hilfe der Notizen einen Antwortbrief.

- Rücken- und Kopfschmerzen vermutlich von zu wenig Bewegung
- Bluthochdruck wahrscheinlich von Alkohol und fettem Essen
- sich mehr bewegen – vielleicht zu Fuß zur Arbeit?
- auf Partys: Mineralwasser und mehr Salat

Liebe Frau W.,

ich vermute, dass Ihr Mann ______

______

______

______

______

______

Ihr Dr. Eder

c | Frau W. spricht mit ihrem Mann. Was soll er machen? Schreiben Sie.

Dr. Eder sagt,

dass *du* ______

dass ______

dass ______

dass ______

dass ______

➥ KB 13

10 Auftrag, Wunsch oder Ratschlag?

Ordnen Sie die Bedeutung von *sollen* den Sätzen zu.

1. ein Auftrag | 2. ein Wunsch | 3. ein Ratschlag

1. Hoch soll sie leben! [2]
2. Das Kind soll gesund werden. [ ]
3. Du sollst zum Chef kommen. [ ]
4. Ich soll mich ausruhen. [ ]
5. Wir sollen die Arbeit bis zum Wochenende erledigen. [ ]
6. Die Kinder sollen vitaminreich essen. [ ]

➥ KB 15

11 Textgrammatik

a | Lesen Sie den Textauszug und kreuzen Sie die Bedeutung der unterstrichenen Pronomen an.

Elternzeit – ein Recht für alle Arbeitnehmer

In der Elternzeit sind berufstätige Väter oder Mütter von der Arbeit freigestellt, damit <u>sie</u> (1) sich um <u>ihre</u> (2) Kinder kümmern können, solange diese noch klein sind.

Dauer und Aufteilung der Elternzeit

Eltern haben drei Jahre lang Anspruch auf Elternzeit. Sie müssen die Elternzeit jedoch nicht auf einmal nehmen. Wie <u>Sie</u> (3) die Betreuung Ihres Kindes untereinander regeln, ist allein <u>Ihre</u> (4) Sache. Sie können drei Jahre lang zu Hause bleiben oder Sie wechseln sich mit Ihrem Partner ab.

1. [ ] die Eltern [ ] die Leserinnen und Leser
2. [ ] die Kinder der Eltern [ ] die Kinder der Leserinnen und Leser
3. [ ] die Eltern [ ] die Leserinnen und Leser
4. [ ] die Eltern [ ] die Leserinnen und Leser

b | Welche Bedeutung haben die markierten Wörter? Ordnen Sie zu.

1. Alternative: ____________
2. Ziel: ____________
3. Einschränkung: ____________
   (Synonym für *aber*)

→ KB 16

12 Urlaubspanik

a | Ordnen Sie bitte die temporalen Präpositionen zu.

vor | ab | ~~seit~~ | zwischen | bis zu | nach

seit | ______ | ______ | ______ | ______ | ______

b | Ergänzen Sie den richtigen Artikel.

1. Schon sechs Wochen vor ______ Urlaub wird er nervös.
2. Bis zu ______ (______) Urlaubsbeginn hat er viele Termine vereinbart.
3. Zwischen ______ Terminen hat er oft keine Zeit zum Essen.
4. Seit ______ Wochenende ist ihm schlecht.
5. Ab ______ zweiten Urlaubswoche telefoniert er jeden Tag mit seinen Kollegen.
6. Nach ______ Urlaub kann er endlich richtig entspannen.

13 Ein anstrengendes Jahr

Warum hatte Anton Schuster ein anstrengendes Jahr? Schreiben Sie Sätze.

Januar – 15 – Hochzeit
Am 15. Januar ______

Februar – 1 – neuer Job
Ab ______

Juni | Juli | August – Wohnung renovieren
______

September – 28 29 30 – mit Chef in Barcelona
______

November – 1 – Geburt von Emma
______ war er nur noch müde.

14 Lokal oder temporal?

a | Ordnen Sie die Präpositionen zu. (Achtung: Einige Präpositionen passen in beide Spalten!)

vor | nach | seit | zwischen | bis | zu | an | in | hinter | über | neben | auf | unter

Temporalangaben	Lokalangaben

b | Welche Präpositionen sind lokal und temporal? ______

c | Ergänzen Sie die Präpositionen aus b.

Sommer / im Garten / Zimmer

______ der Wand / diesem Montag / Ostern

______ den Ferien / Italien / der Hochzeit

______ zur U-Bahn / morgen

______ dir und mir / den Feiertagen / dem Tisch und dem Stuhl

______ der Pause / der Tafel

15 Komposita

Was passt? Setzen Sie die Wörter zusammen.

-zeit | -schutz | -fest | Eltern- | Arbeit-

Hoch- / Arbeits- / Teil- / Eltern- } ______ ______ { -geber / -nehmer / -szeit

Mutter- / Kündigungs- } ______

Eiweihungs- / Straßen- } ______

______ { -geld / -zeit

16 Geschichten aus Neustadt

a | Lesen Sie bitte die Reportage im Neustädter Stadtblatt. Der Reporter hat schlecht recherchiert. Markieren Sie die vier Fehler. (Tipp: Hören Sie das Hörspiel noch einmal.)

Der köstliche Duft von gegrillten Würstchen weht über den Elisabethplatz, mit Kartoffelsalat schmecken sie wunderbar. Dazu gibt es frisches, glänzend braunes Brot. Oder soll es Gazpacho sein? Kaffee mit Schwarzwälder Kirschtorte oder Marmorkuchen – oder auch beidem? Menschen lachen, man hört Deutsch, aber auch Spanisch und Italienisch. Die Menschen hören zu und manche singen mit, wenn Jan auf seiner Gitarre spielt. Kinder laufen herum, in einer Ecke können sie sich verkleiden und schminken.

Seit drei Jahren gibt es im Mai auf dem Elisabethplatz ein Straßenfest. „Mit dem Wetter hatten wir immer Glück“, erklärt ein Gast. “Immer ist es nach einer längeren Regenperiode an diesem Tag wieder schön geworden.“ Alle Bewohner des Platzes helfen mit, alle bringen Essen oder Getränke, backen Brot und Kuchen, machen Musik.

„Ich denke, ein Straßenfest ist eine gute Möglichkeit, dass sich die Menschen kennen lernen“, sagt der Bürgermeister bei der Eröffnung. Er ist dieses Jahr sogar persönlich gekommen. „Wenn man seine Nachbarn kennt, wenn man gemeinsam feiert, dann baut man Barrieren ab.“ Und das funktioniert: Inés M. aus Portugal unterhält sich mit Claudia P. aus Italien, Haris L. aus Kroatien spricht mit Uwe K. aus dem Ruhrgebiet. „Wir sind eine große Familie“, meint auch Lisa V. „Wahrscheinlich fühle ich mich deshalb hier so wohl. Wir wohnen erst seit einem Jahr hier, aber wir sind hier schon richtig zu Hause.“

Schon eine Woche vor dem Fest haben die Vorbereitungen begonnen, denn bis zum Fest war viel zu tun. Wer besorgt die Getränke, wer backt Kuchen, wer organisiert Tische und Bänke? Nach dem Fest helfen alle beim Aufräumen. Alle, bis auf Lisa V. – sie muss mit dem Krankenwagen ins Krankenhaus gebracht werden. Wir hoffen, dass es nichts Schlimmes ist. Damit sie im nächsten Jahr wieder mit dabei sein kann, wenn es heißt: Straßenfest am Elisabethplatz.

b | Welche Fragen hat der Journalist **nicht** gestellt? Kreuzen Sie an.

1. Seit wann gibt es das Fest? ☐
2. Wie war das Wetter in den letzten Jahren beim Straßenfest? ☐
3. Wer hat den Marmorkuchen gebacken? ☐
4. Woher kommen Sie? ☐
5. Wohnen Sie schon lange am Elisabethplatz? ☐
6. Was fehlt Lisa V.? ☐

c | Unterstreichen Sie im Text die Antworten auf die Fragen des Journalisten.

17 Einen Text rekonstruieren

a | Ergänzen Sie die Antwort auf eine Einladung.

schon vorher meine starken Arme zum Möbeltragen? | für die Einladung zum Einweihungsfest. | Getränke oder einen Kuchen mitbringen? | und komme gern. | dass ich gern backe. | wenn du Hilfe brauchst!

Liebe Mira,

vielen Dank ______________________

Ich bin schon sehr neugierig auf die neue Wohnung ______________________

Soll ich ______________________

Du weißt ja, ______________________

Oder brauchst du ______________________

Ruf mich einfach an, ______________________

Bis bald, Erik

b | Vergleichen Sie den Text mit dem Lösungsschlüssel und korrigieren Sie.

c | Lernen Sie den Text Zeile für Zeile auswendig.
Decken Sie die Zeilen ab und schreiben Sie sie auf.

Liebe Mira,

vielen ______________________.

Ich ______________________

und ______________________.

Soll ______________________?

Du ______________________.

Oder ______________________

______________________?

Ruf ______________________!

Bis bald, Erik

18 Richtig schreiben: z – tz

Ergänzen Sie *z* oder *tz*. (Tipp: *tz* steht nur nach Vokalen!)

1. Bei ___ahnschmer___en oder Verle___ungen gehe ich in die Ambulan___ .
2. Mein Vorgese___ter möchte meine Arbeits___eit verlängern.
3. Wenn ich im Mutterschu___ bin, habe ich Kündigungsschu___ .
4. Benu___en Sie bitte die Haltegriffe!
5. Fri___ bläst die Ker___en auf seiner Torte aus.

Meine 2. Identität

Sie haben folgende Einladungen bekommen. Wählen Sie eine aus und schreiben Sie eine Antwort.

Hallo,
ich möchte dich am kommenden Wochenende zu einem Flug in meinem Privatjet nach San Franzisco einladen. Was sagst du dazu? Wir machen uns ein nettes Wochenende mit Shoppen, gutem Essen, guter Musik und vielen anderen angenehmen Dingen.
Bist du dabei?
Klara

Hallo,

was hältst du von einem Trip nach Bahrein zum Kamelrennen? Ich war letztes Jahr dort und kann nur sagen: Das ist etwas für Menschen, die das Abenteuer lieben! Bist du dabei? Mein Privatjet ist morgen Abend startklar.

Hans

___

___

___

___

___

___

___

___

➥ KB 1

1 Wie kommunizieren Sie?

Ergänzen Sie die Sätze.

krank sein | eine Liebeserklärung machen | eine SMS schicken | einen Chatbeitrag schreiben

1. Wenn ich mich mit Freunden verabreden will, ______________________
2. ______________________, schicke ich meinem Chef eine E-Mail.
3. Wenn ich mit anderen diskutieren möchte, ______________________
4. ______________________ möchte, schenke ich einen Blumenstrauß.

➥ KB 4

2 Das Spiel mit den *sich*-Verben

a | Sie brauchen einen Würfel und eine Spielfigur. Würfeln Sie und folgen Sie mit der Spielfigur den Feldern auf dem Spielplan. Sprechen Sie.

Beispiel: Sie würfeln eine 3. Sie gehen auf das dritte Feld und sagen: „er fragt sich"

⚀ ich	⚁ du	⚂ er	⚃ wir	⚄ ihr	⚅ sie
verlieben 1	verabschieden 2	fragen 3	sehen 4	küssen 5	treffen 6
verabreden 12	vorstellen 11	bedanken 10	anrufen 9	engagieren 8	begrüßen 7
entschuldigen 13	beschweren 14	ärgern 15	kennen lernen 16	schreiben 17	lieben 18

b | Würfeln Sie jetzt zweimal:

1. Würfeln: Setzen Sie die Spielfigur auf das entsprechende Feld.

2. Würfeln: Lösen Sie eine Aufgabe, je nach Augenzahl:

⚀ | ⚅ Konjugieren Sie das Verb im Präsens.

⚁ | ⚄ Konjugieren Sie das Verb im Perfekt.

⚂ Sagen Sie mit dem Verb einen Satz im Präsens.

⚃ Sagen Sie mit dem Verb einen Satz im Perfekt.

Beispiel: Sie würfeln eine 4 und eine 3 und sagen: „Wir sehen uns am Donnerstagabend."

➥ KB 2, 6

3 Annette erklärt Lisa das Skypen

Verbinden Sie.

Installier das Programm, ○	○ das ○	○ alle wichtigen Adressen enthält.
Wähl einen Benutzernamen, ○	○ die ○	○ du zum Skypen brauchst.
Erstell eine Kontaktliste, ○	○ der ○	○ auch eine Skype-Adresse haben.
Klick mit der Maus das Feld an, ○	○ das ○	○ nicht so kompliziert ist.
Jetzt kannst du mit allen telefonieren. ○	○ die ○	○ mit einem Telefonhörer markiert ist.

➥ KB 6

4 Moderne Kommunikation

Ordnen Sie die Sätze im Schüttelkasten richtig zu und schreiben Sie Relativsätze.

Er lebt bei meinen Eltern. | ~~Sie ist im Ausland.~~ | Es ist ganz neu. | Ich liebe meine Freundin. | Ich habe ihn lange nicht gesehen. | Ich vermisse meine Freundin sehr. | Sie sind schon alt. | Ich finde das Auto toll. | Er macht jetzt Karriere. | Sie berichten mir Neues von meinem Bruder. | Ich möchte meine Eltern bald besuchen. | Es ist für mich wie ein Freund.

Ich skype mit meiner Freundin, die im Ausland ist, ______________________

____

____

Ich chatte mit meinem Bruder, ______________________

____

____

Ich telefoniere mit meinen Eltern, ______________________

____

____

Ich spreche jeden Tag mit meinem Auto, ______________________

____

____

➥ KB 8–10

5 Komparativ und Superlativ

Ergänzen Sie die unregelmäßigen Formen.

gut		
		am liebsten
	teurer	
		am höchsten
dunkel		
		am nächsten
viel		

6 Ein komisches Ding

a | Ergänzen Sie *als* oder *wie* und die Vergleichsform.

Liebe Kolleginnen und Kollegen auf dem Mars,

sicher seid ihr schon neugierig, was ich euch heute von der Erde berichte. Die Menschen sind größer ______ wir, aber ich glaube, sie sind auch ein bisschen ______ (dumm). Sie müssen nämlich in komische Geräte sprechen, wenn sie miteinander kommunizieren wollen. Das dauert auf jeden Fall ______ (lang) ______ unsere „Gedanken-schicken-Funktion" und es ist auch nicht so ______ (praktisch) ______ bei uns. Diese Geräte muss man in die Hand nehmen. Man kann aber nicht sofort sprechen, sondern muss erst viele Zahlen eintippen. Ihr gebt mir sicher recht, dass unser System viel ______ (gut) ist. Auf der Erde ist nichts so ______ (perfekt) und entwickelt ______ bei uns auf dem Mars. Deshalb möchte ich viel ______ (gern) bei euch zu Hause sein ______ hier auf der Erde.

Ich freue mich schon sehr auf ein Wiedersehen!

Euer Sram 1.5

b | Welches Gerät beschreibt Sram 1.5? ______

7 Vergleiche

Schreiben Sie Sätze. Achten Sie auf die Umlaute!

1. groß:

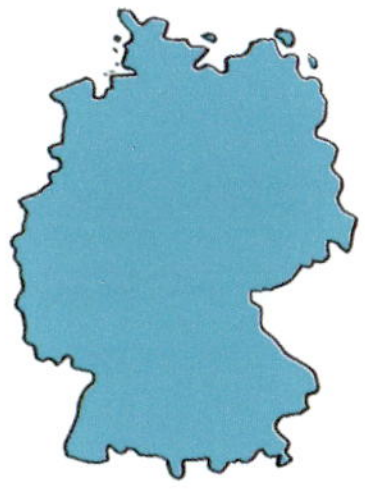

Österreich ist größer ______ . Deutschland ______ am ______

2. alt:

______

3. hart:

Gold ______ . Diamant ______

4. lang:

	Abflug	
●	17:20 Frankfurt Wien	18:40
●	17:40 Frankfurt	

	Abflug	
●	06:00 Frankfurt Berlin	07:10
●	06:05 Frankfurt	

	Abflug	
●	15:20 Frankfurt Moskau	21:45
●	15:30 Frankfurt	

Der Flug nach ______

______

8 Steckbriefe

Finden Sie Gemeinsamkeiten und schreiben Sie Sätze.

Klara	Fred	Maria	
Alter: 30 Jahre	Alter: 30 Jahre	Alter: 24 Jahre	alt sein
Größe: 1,68 Meter	Größe: 1,75 Meter	Größe: 1, 68 Meter	groß sein
Gewicht: 60 Kilo	Gewicht: 78 Kilo	Gewicht: 78 Kilo	schwer sein

1. Klara ist ______
2. ______
3. ______

→ KB 10

9 Englische Wörter

Ordnen Sie die Wörter zu.

Internet | Web | Download | Webcam | Flatrate | Hotline | Computer | E-Mail | Blog | Chat | Notebook

der ______ das ______ die ______

der ______ das ______ die ______

der ______ das ______ die ______

der ______ die ______

10 Fehlersuche

Korrigieren Sie die markierten Fehler im Text. Schreiben Sie die richtige Form daneben.

Hallo,

ich heiße Marianna und wohne in Polen. Willst du mich schreiben? ______

Ich möchte an der Universität in München Medizin studieren, deshalb

suche ich einen Briefpartner, den mir mit der Sprache hilft. Vielleicht ______

interessierst du dir für Polen und die polnische Küche? Ich kann dir ______

viel Interessantes erzählen. Ich freue mich schon über deine Post! ______

Vielen Grüße ______

Marianna

→ KB 11

11 Reflexive Verben mit Präpositionen

Ergänzen Sie das Reflexivpronomen, die Präposition und den Artikel.

1. Ich bedanke mich für den Brief | ______ Fax | ______ E-Mail.
2. Du entschuldigst ______ ______ ______ Stress | ______ Problem | ______ Verspätung.
3. Er freut ______ ______ ______ Geschenke | ______ Kuss | ______ Postkarte.
4. Wir kümmern ______ ______ ______ Hund | ______ Tier | ______ Katze.
5. Ihr ärgert ______ ______ ______ Rechnungen | ______ Nachbarin | ______ Foto.
6. Sie tauschen ______ ______ ______ Film | ______ Kinoprogramm | ______ Pläne aus.

12 Verben mit zwei Präpositionen

Ordnen Sie zu.

1. sich entschuldigen — a. bei — A. den Eltern
2. sich bewerben — b. für — B. den Urlaub
3. sich unterhalten — c. über — C. die Überraschung
4. sich bedanken — d. mit — D. der Firma Maier
e. um — E. eine Stelle
F. die Verspätung

1	2	3	4
a / A	___ / ___	___ / ___	___ / ___
b / ___	___ / ___	___ / ___	___ / ___

13 Ärger mit den Nachbarn

a | Ergänzen Sie die Präpositionen und Artikel und bilden Sie Sätze. Schreiben Sie die Sätze jeweils in die 1. Zeile.

1. Rita | sich beschweren | **Nachbarn**

Rita beschwert sich bei ___

– Bei ihnen ___ alle Hausbewohner.

2. Die Nachbarin | sich entschuldigen | **Lärm**

___

– ___ jeden Tag.

3. Rita | sich freuen | **Ruhe im Haus**

___

– ___ nicht lang.

4. Am nächsten Tag | sie | sich ärgern | wieder | **Nachbarskinder**

___

– ___ noch oft.

b | Nehmen Sie jetzt auf die fett gedruckten Wörter Bezug (Person oder Sache?) und variieren Sie die Sätze. Schreiben Sie jeweils in die 2. Zeile.

➥ KB 18

14 Ein Elternabend

a | Wie verläuft die Diskussion? Ordnen Sie die Sätze.

b | Wiederholen Sie die Meinungen und verwenden Sie die Redemittel.

> Dagegen spricht, dass | Ich bin der Meinung, dass | Ich bin auch dafür, dass | Ein weiteres Argument ist, dass | Ich denke, dass | Es stimmt, dass

Lehrerin: ____________________

____

Herr ________: ____________________

____

________: ____________________

____

________: ____________________

____

________: ____________________

____

Herr Matz: ____________________

____

15 Geschichten aus Neustadt

a | Eines Tages bringt Max einen Elternbrief nach Hause.
Leider kann man nicht mehr alles lesen.
Ergänzen Sie bitte die Wörter am Zeilenende.

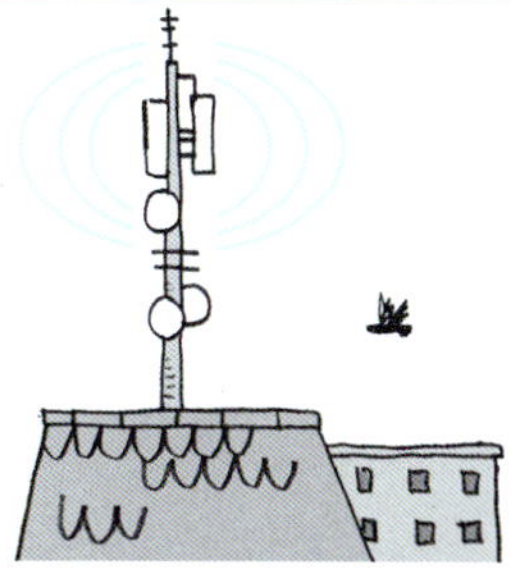

der Handymast

Liebe Eltern,

mit dem Werbespruch „Wir kümmern uns um Ihre Kommunikation. Für einen besser____
Handyempfang" kündigt die Firma „Kom.mit" an, dass sie in der Nähe unserer Schule ein____
Handymasten aufstellt.
Wir, die Elternvertreterinnen und Elternvertreter der Einstein-Schule, protestieren dageg____
Wir weisen darauf hin, dass noch nicht bewiesen ist, dass die Strahlen ungefährlich si____
Die Antennen senden ständig Mikrowellen aus, die zu Kopfschmerzen und Veränderun____
des Blutes führen können.
Deshalb sind wir dagegen, dass man Handymasten in der Nähe von Schulen und Kinderg____
baut. Wir wollen, dass unsere Kinder gesund bleiben!

Wir werden aktiv:
- Am nächsten Donnerstag endet der Unterricht nach der 4. Schulstunde. Alle Schülerin____ und Schüler gehen mit ihren Lehrern und Lehrerinnen zum Büro von "Kom.mit" u____ protestieren gegen den Handymasten.
- Wir sammeln Unterschriften gegen den Bau. Bitte, unterschreiben Sie auch und geben ____ den Zettel Ihrem Kind in die Schule mit.

Schulelternvertreterin: Dr. Sonia Farhan

b | Kreuzen Sie an.

	richtig	falsch
1. Der Brief kommt mit der Post.	☐	☐
2. Der Handyempfang funktioniert in der Schule nicht gut.	☐	☐
3. „Kom.mit" will neben der Schule einen Handymasten bauen.	☐	☐
4. Die Elternvertreter sorgen sich um die Gesundheit der Kinder.	☐	☐
5. Es soll eine Demonstration stattfinden.	☐	☐
6. Lisa muss unterschreiben, dass Max am Protest teilnehmen darf.	☐	☐

16 Einen Text rekonstruieren

a | Ergänzen Sie die Reklamation.

bei anderen ist das Bild unscharf | kaputter Fernseher | nie richtig funktioniert | möchte ich meinen Fernseher reklamieren | habe ich das Gerät erst vor zwei Wochen gekauft | den Fernseher umzutauschen

Beschwerde: ______

Sehr geehrte Frau Gerber,

wie schon am Telefon besprochen ______.

Leider hat das Gerät ______.

Ich bekomme manche Programme nicht, ______.

Wie Sie am Rechnungsdatum sehen, ______.

Deswegen bitte ich Sie, ______.

Mit besten Grüßen

Vitali Kerner

b | Vergleichen Sie den Text mit dem Lösungsschlüssel und korrigieren Sie.

Beschwerde: kaputter Fernseher

c | Lernen Sie den Text Zeile für Zeile auswendig.
Decken Sie die Zeilen ab und schreiben Sie sie auf.

Beschwerde: ______

Sehr ______

wie ______

______

Leider ______

Ich ______

______

Wie Sie am Rechnungsdatum sehen, ______

______

Ich ______

Mit ______

Vitali Kerner

17 Richtig schreiben: internationale Wörter

a | Setzen Sie die Silben zu Nomen zusammen und schreiben Sie den Artikel.

~~Re~~ | va | ~~ma~~ | Mo | Kom | In | mu | ti | ni | Kon | fir | mons | ~~kla~~ | ma | for | ma | De | ka | tra

die Reklamation

-tion

b | Ergänzen Sie die Regel.

__________ auf *-ion* sind __________ .

Meine 2. Identität

In Lektion 12 haben Sie in Ihrer 2. Identität eine Anfrage, in Lektion 13 eine Nachfrage geschrieben. Insgesamt sind Sie mit der Serviceleistung der Firma aber nicht zufrieden.
Schreiben Sie jetzt eine Reklamation. Lesen Sie vorher noch einmal nach, welche Leistung Sie angefragt hatten.

Eine gute Entscheidung

→ KB 2

1 Begriffe rund um den Beruf

Ergänzen Sie die Relativpronomen und die passenden Begriffe.

1. Eine Ausbildung, ______ Handwerker gemacht haben. ______
2. Einige Wochen, ______ man auf Probe bei einer Firma arbeitet. ______
3. Ein Mann, ______ andere in seinem Handwerk ausbildet. ______
4. Ein Brief, ______ man schreibt, wenn man eine Arbeit sucht. ______
5. Ein Kurs, ______ man macht, damit man etwas Neues lernt. ______

→ KB 3

2 Sätze zum Ausstand

a | Verbinden Sie die Satzteile.

1. Ich bedanke mich ○	○ für ○	○ Ihre Karriere an!
2. Ich gratuliere Ihnen ○	○ für ○	○ Ihrem beruflichen Erfolg.
3. Ich freue mich ○	○ auf ○	○ die gute Zusammenarbeit.
4. Alles Gute ○	○ auf ○	○ neue Aufgaben.
5. Wir bleiben ○	○ zu ○	○ Kontakt.
6. Stoßen wir jetzt ○	○ in ○	○ die Zukunft!

b | Wer sagt was? Ordnen Sie die Sätze zu.

Chefin: ______ ______ ______ Mitarbeiter: ______ beide: __1__ ______

3 Präpositionen mit dem Dativ

Ergänzen Sie den bestimmten oder unbestimmten Artikel und markieren Sie die Präpositionen.

1. Arbeitest du noch bei ______ Müller AG ? – Nein, seit ______ 1. August nicht mehr.
2. Was ist passiert? – Nach ______ Streit mit ______ Chef habe ich gekündigt.
   Ich habe noch alle zu ______ großen Abschiedsparty eingeladen.
3. Hörst du manchmal noch etwas von ______ alten Kollegen? – Nein, du weißt ja, aus ______ Augen, aus __dem__ Sinn.

4 Ein Arbeitszeugnis

Ergänzen Sie die Wörter.

Kollegen | Lehre | Berufsweg | Arbeiten | Ausbildung | Firma | Vorgesetzter

Herr Kristian Katowski war seit 1976 bei den Berliner Verkehrsbetrieben tätig. Er hat hier seine ______ zum Kfz-Mechaniker abgeschlossen. Nach der ______ hat er die Meisterprüfung gemacht und war für den Bereich „Wartung Nutzfahrzeuge“ verantwortlich.

Wir haben Herrn Katowski als sehr verantwortungsbewussten und korrekten Menschen kennen gelernt. Er erledigte alle ______ sehr effizient und sorgfältig. Wir schätzen Herrn Katowski auch als äußerst hilfsbereiten und engagierten ______ .

Als sein ______ bedauere ich sehr, dass Herr Katowski aus familiären Gründen unsere ______ verlässt und wünsche ihm für seinen weiteren ______ alles Gute.

➥ KB 5

5 Das sind gute Ratschläge

Formulieren Sie Ratschläge mit *sollte-*.

einen Ratgeber schreiben | sie mir erzählen | sich bei einem mobilen Hilfsdienst informieren | in unser Ferienhaus fahren | mit dem Schulpsychologen sprechen

1. ▪ Ich kann nicht mehr, ich habe so viele Probleme.
   ▫ Du ______
2. ▪ Meine Eltern sind alt, sie können sich nicht mehr allein um den Haushalt kümmern.
   ▫ Sie ______
3. ▪ Mein Sohn hat Probleme in der Schule.
   ▫ Er ______
4. ▪ Wir können uns keinen Urlaub leisten.
   ▫ Ihr ______
5. ▪ Du hast immer gute Ratschläge. ______

   ______

➥ KB 8

6 Schöne Geschenke?

a | Ergänzen Sie zuerst die Endungen im Akkusativ. Markieren Sie dann mit drei verschiedenen Farben: 1. jeweils gleiche Endungen bei Artikel und Adjektiv, 2. verschiedene Endungen, 3. Pluralendungen.

1. Robert bekommt zum Ausstand ein___ neu___ Koffer, ein___ günstig___ Flugticket, ein___ schön___ Reise und viele nett___ Glückwunschkarten.
2. Lara bekommt zum Einstand ein___ hübsch___ Tasche, ein___ elegant___ Notizblock und ein___ halb___ Glas Sekt, weil sie noch arbeiten muss.
3. Ulrike bekommt zur Geburt von Arne ein___ groß___ Blumenstrauß, blau___ Babyschuhe und herzlich___ Glückwünsche.

b | *maskulin*, *neutral*, *feminin*: Was passt?

gleich: ___________ ___________ verschieden: ___________

7 Unzufriedene Jugendliche

Formulieren Sie die Sätze um.
Stellen Sie die Adjektive vor die Nomen.

1. Warum ist unser Auto uncool und nicht cool?

   Warum haben wir ein uncooles Auto und kein cooles Auto?

2. Warum ist unsere Wohnung altmodisch und nicht modern?

   ____

3. Warum ist mein Computer billig und nicht teuer?

   ____

4. Warum sind eure Jobs langweilig und nicht interessant?

   ____

5. Warum ist euer Leben so normal und nicht aufregend?

   ____

➥ KB 9

8 Mein neues Fahrrad

Adjektivendungen im Dativ: Kreuzen Sie an.

1. Mit meinem ☐ neuen ☐ neues ☐ neue Fahrrad habe ich viel Spaß.
2. Bei einem ☐ hohes ☐ hoher ☐ hohen Tempo muss man aber aufpassen.
3. Nach ☐ starkem ☐ starken ☐ starke Regenfällen sind nämlich die Straßen nass.
4. Seit meiner ☐ schweren ☐ schwere ☐ schwerem Verletzung bin ich vorsichtig.
5. Mit meinem ☐ toller ☐ tolles ☐ tollen Fahrradhelm sehe ich aber cool aus.

➥ KB 11

9 Das tolle Spielzeug

Die Form ist elegant.

Das Pfeifen klingt laut.

Das Metall ist kühl.

Lesen Sie die Sprechblasen und ergänzen Sie die Sätze.

Ich fühle das ________________ Metall.

Ich sehe ________________________________

Ich höre ________________________________

Ich spiele mit der neu____ Modelleisenbahn.

10 Fehlersuche

Der Chatbeitrag hat folgende Fehler: eine falsche Präposition, einen Fehler im Kasus, einen Fehler in der Wortstellung, eine falsche Adjektivendung und ein falsches Partizip.
Korrigieren Sie die Fehler und schreiben Sie die richtige Form daneben.

Hallo Leute,

ich muss euch heute mit meinem Ärger berichten. Ich habe im ____________

Internet ein Gebrauchtwagen gekauft. „Er hat schon über 100 000 ____________

Kilometer auf dem Tacho, ist aber noch in einem guten Zustand", es ____________

hat geheißen. Ein Foto war auch dabei, der Wagen hat wirklich gut ____________

ausgesehen. Also habe ich die 5000 Euro überwiesen. Aber was ____________

habe ich bekommt! Der Kilometerstand zeigt schon mehr als 180 000 ____________

Kilometer an. Auf der rechter Seite ist eine Beule und die Bremsen ____________

funktionieren nicht richtig. Also: Vorsicht bei Autokäufen im Internet! ____________

11 Für jeden Typ das richtige Auto

a | Welches Adjektiv passt zu wem? Ergänzen Sie.

sparsam | erfolgreich | zukünftig | sportlich

der ________________ Lehrer

das ________________ Paar

die ________________ Geschäftsfrau

die ________________ Eltern

b | Welches Auto passt zu wem? Schreiben Sie Sätze.

Porsche Cabrio: rot, exklusiv

VW-Passat: bequem, zuverlässig

Fiat: gebraucht, sparsam

Audi: wendig, schick

1. Das rot____, exklusiv____ Cabrio passt zu ________________________________
2. ____
   ____.
3. ____
   ____.
4. ____
   ____.

➥ KB 15

12 Kinderlieder

a | Viele Kinderlieder haben das Diminutiv. Schreiben Sie die Diminutiv-Formen auf.

Diminutiv mit *-chen*

1. ______ (kleiner Bruder), komm tanz mit mir …
2. Alle meine ______ (kleinen Enten) schwimmen auf dem See, …
3. ______ (kleiner Hase) in der Grube …
4. ______ (kleine Schneeflocke), Weißröckchen, da kommst du …
5. ______ (kleiner Hans) klein, ging allein …

Diminutiv mit *-lein*

6. Ein ______ (kleiner Mann) steht im Walde, ganz still und stumm …
7. Alle ______ (kleinen Vögel) sind schon da, …

b | Welches Bild passt zu welchem Lied? Ordnen Sie zu.

➥ KB 17

13 Lokaladverbien

her | rein | raus | hin | rauf | runter

Ergänzen Sie die Lokaladverbien.

1. Ich sitze in der Küche, du bist im Wohnzimmer. Setz dich zu mir ______ .
2. Stell dich dort zu den anderen. Ja, stell dich dort drüben ______ .
3. Bitte lauf schnell ins Haus ______ , das Telefon klingelt.
4. Der Briefträger steht an der Gartentür, gehst du ______ ? Ich bin noch nicht angezogen.
5. Geh bitte in den Keller ______ und hol die Kartoffeln.
6. Leg doch den Koffer auf den Schrank ______ .

14 Viele neue Adjektive

Wie lautet das Motto der Lektion? Lesen Sie die Sätze und ergänzen Sie die richtigen Adjektive.
(Tipp: Sehen Sie auch in der Wortschatzliste im Arbeitsbuch nach.)

1. Das ist aber nett von dir, ich bin … 2. Mein Mann ist mir sicher … 3. Fahr …, es ist viel Verkehr. 4. Der Benzinverbrauch des Autos ist sehr … 5. So ein langer Stau, ich bin total … 6. Komm rein, die Tür ist …! 7. Sei doch nicht so … und akzeptiere auch eine andere Meinung. 8. Die Farbe des Autos ist … 9. Meine Haare sind noch nicht … 10. Die Autobahn ist … 11. Was für ein schönes Geschenk! Du bist sehr … 12. Du … Gans! 13. Ich war bei der Rede sehr … 14. Das Auto ist alt und … 15. Wir sind … und wollen ein Auto, das wenig Benzin verbraucht.

Das Motto dieser Lektion lautet: ______________________

15 Geschichten aus Neustadt

a | Lesen Sie das Flugblatt und ergänzen Sie die Wörter aus dem Schüttelkasten.

Autobauer | Cabrios | km/h | Modelle | PS | Spritverbrauch | Autos

Top-Veranstaltung für Autofans!

Vom 25. bis 31. Oktober findet in der Sportarena von Neustadt eine Oldtimer-Ausstellung statt. Präsentiert werden aber keine glänzenden Luxuswagen, sondern ________ für das einfache Volk: 50 „Käfer" und „Enten"!

Bis 2002 war der Käfer das meistverkaufte Auto der Welt. Der erste VW-Käfer wurde 1938 produziert und fuhr damals schon bis zu 100 km/h. Besonders gefragt sind heute ________ aus dem Jahr 1949, von denen man insgesamt nur 696 Stück gebaut hat. In der Ausstellung können Sie herausragende ________ bewundern, z.B. den letzten Käfer, den man 2003 in Deutschland produziert hat.

Den 2 CV, ein Modell vom französischen ________ Citroën, hat man in Deutschland „Ente" genannt, weil man fand, dass er wie ein „hässliches Entlein" aussah. Aber das Aussehen war nicht entscheidend, sondern sein geringer Preis und der niedrige ________. Die erste „Ente", die man 1948 kaufen konnte, hatte 9 ________ und ist maximal 65 ________ gefahren. Die „Enten" waren Kultautos, bis man die Produktion 1990 beendet hat.

Wer hat in seiner Jugend nicht davon geträumt, mit einem Enten- oder Käfer-Cabrio in den Süden zu fahren?
Jetzt können Sie eine Rundfahrt durch Neustadt gewinnen!
Beantworten Sie die Fragen richtig und geben Sie das Blatt am Eingang ab.
Jeden Tag losen wir fünf Gewinner aus!

b | Beantworten Sie den Fragebogen.

1. Welches Auto ist älter? ________
2. Welches Auto ist schneller gefahren? ________
3. Welches Auto war hässlich und trotzdem attraktiv? ________
4. Welches Auto hat man 42 Jahre lang produziert? ________
5. Welches Auto hat man länger gebaut? ________

16 Einen Text rekonstruieren

a | Ergänzen Sie die Rede.

Liebe Gäste!

Danke, dass ihr alle gekommen ________, damit wir gemeinsam

den Einzug in unser ________ Haus feiern können.

Viele von euch ________ uns in den letzten Wochen fleißig geholfen.

________ habt mit uns renoviert, Möbel getragen, Lampen aufgehängt,

Vorhänge genäht.

Aber heute arbeiten wir ________, heute feiern wir.

Ich freue mich, ________ auch unsere neuen Nachbarn hier ________.

Ich wünsche uns allen viel ________ und einen guten Appetit.

Das Büffet ist eröffnet!

b | Vergleichen Sie den Text mit dem Lösungsschlüssel und korrigieren Sie.

c | Lernen Sie den Text auswendig, diesmal Satz für Satz.
Decken Sie die Sätze ab und schreiben Sie sie auf.

Liebe ________

Danke, ________

____

Viele ________

Ihr ________

____

Aber ________

Ich ________

Ich ________

Das ________

17 Richtig schreiben: ss – ß

a | Ergänzen Sie *ß* oder *ss*. (Tipp: *ß* kommt nach langen Vokalen und *eu*, *au*, *ei*.)

1. Peter hat seine Ausbildung abgeschlo_____en, Karin möchte sie auch bald abschlie_____en. Der Abschlu_____ ist ihr sehr wichtig.
2. Ich wei_____ nicht, wie er hei_____t. Aber du mu_____t es doch eigentlich wi_____en.
3. Ich verstehe nicht, warum sie ihn verla_____en will. Er macht ihr immer gro_____zügige Geschenke. Au_____erdem liebt er sie.

Meine 2. Identität

In den Lektionen 12, 13 und 16 haben Sie sich an dieser Stelle mit der Organisation einer Veranstaltung beschäftigt. Schreiben Sie jetzt eine Rede für diese Veranstaltung.
Was möchten Sie sagen? Machen Sie sich zuerst Notizen.

Einleitung: _____

Hauptteil: _____

_____

_____

_____

Schluss: _____

_____

_____

_____

_____

_____

_____

_____

_____

→ KB 2

1 Wem gehören die Sachen?

Ergänzen Sie die Adjektivendungen und die Personalpronomen.

1. Ist das dein Pullover? — Ja, der rot___ Pullover gehört ______.
2. Gehört das Auto deinem Bruder? — Ja, das alt___, verrostet___ Auto gehört ______.
3. Ist das die Tasche von Lisa? — Ja, die hübsch___, neu___ Tasche gehört ______.
4. Sind das eure Koffer? — Ja, die braun___ Koffer gehören ______.
5. Ist das das Haus von Anna und Bernd? — Ja, das groß___ Haus gehört ______.
6. Ist der Schal wirklich für mich? — Ja, der toll___ Schal gehört ______.

2 So viel Gepäck!

a | Was sehen Sie? Schreiben Sie die Wörter zu den Bildern.

b | Vergleichen Sie Ihre Lösung mit der Zeichnung im Kursbuch. Welche Gegenstände fehlen? Machen Sie das Kursbuch zu, markieren Sie die richtigen Stellen und schreiben Sie die Wörter dazu.

→ KB 4

3 Deutschland mit anderen Augen

Lesen Sie die Texte 1, 4, 5 und 8 im Kursbuch noch einmal. Welcher Satz stimmt nicht? Kreuzen Sie an.

1. Suzanna Homérová:
   - a. In Deutschland habe ich viel Spaß. ☐
   - b. Alle Deutschen erzählen Blondinen-Witze. ☐
   - c. Auf der Straße gibt es viele fröhliche Menschen. ☐

2. Dr. Odile Tengdeng-Weidler:
   - a. In meinem Land ist es wichtig, dass man ein angenehmes Leben hat. ☐
   - b. Den Deutschen ist die Arbeit wichtiger als der Spaß. ☐
   - c. Es ist ein Problem, dass sich das Land nach dem Krieg so schnell entwickelt hat. ☐

3. Mohan Dhamotharan:
   - a. Viele Deutsche wollen nur 38 Stunden pro Woche arbeiten. ☐
   - b. Die Nachbarin soll eine Stunde pro Woche mehr arbeiten. ☐
   - c. Die Deutschen machen keine schwere Arbeit. ☐

4. Albasarí Caro:
   - a. Man braucht in Deutschland einen Grund, damit man fröhlich sein kann. ☐
   - b. Wenn man traurig aussieht, fällt man auf. ☐
   - c. Es ist besser, die eigene Mimik zu kontrollieren. ☐

→ KB 5

4 Na so was!

Ergänzen Sie im Dialog die Redemittel.

Na so was! | Was denn? | Wirklich?

A Gestern ist mir etwas Komisches passiert.

B ______________________

A Ich habe einen Mann gesehen, der genauso ausgesehen hat wie du.

B ______________________

A Er hat eine hübsche, junge Frau umarmt und geküsst.

B ______________________

➥ KB 8

5 Verben mit Dativ

Schreiben Sie Sätze.

1. gehören: der Stift | mein Freund ___Der Stift gehört___
2. helfen: die Kollegen | die Sekretärin ______
3. glauben: die Eltern | ihre Kinder ______
4. danken: der Patient | der Arzt ______
5. schmecken: das Essen | die Gäste ______
6. gefallen: die Arbeit | die Kunden ______

6 Zu Gast bei einer deutschen Familie

a | Erhan Teskin, ein türkischer Austauschstudent, erzählt von einer Essenseinladung bei einem deutschen Ehepaar. Markieren Sie im Text alle Verben mit Dativ und die Dativergänzung.

„Schön, dass Sie gekommen sind, Herr Teskin. Folgen Sie mir einfach", hat Frau Schmid gesagt. „Ich gratuliere Ihnen zum Stipendium." Wir sind ins Esszimmer gegangen. „Schmeckt es Ihnen?", hat sie gefragt. Ich habe Frau Schmid geantwortet, dass es sehr gut ist, aber sie hat mir nicht so recht geglaubt. „Wenn wir Ihnen helfen können, sagen Sie es", hat das Ehepaar Schmid zum Schluss gemeint. Ich habe den beiden gedankt und mich verabschiedet. Der Abend hat mir gut gefallen, aber meine Familie hat mir gefehlt. Den Schmids gehört zwar ein großes Haus und meiner Familie nur eine kleine Wohnung. Aber trotzdem …

b | Ergänzen Sie die Personalpronomen.

1. Er ist ______ gefolgt.
2. Sie hat ______ zum Stipendium gratuliert.
3. Er hat ______ geantwortet, dass das Essen gut ist.
4. Sie haben ______ nicht geglaubt.
5. Er hat ______ gedankt.

7 Verben mit Dativ und Akkusativ

a | Ergänzen Sie die Artikel.

1. Markus erklärt ______ Ärztin ______ Computer.
2. Die Ärztin bringt ______ Krankenschwestern ______ Torte mit.
3. Die Krankenschwestern geben ______ Patienten ______ Tabletten.
4. Der Patient zeigt ______ Chefarzt ______ Verletzung.
5. Der Chefarzt empfiehlt ______ Verwaltung ______ neues Gerät.
6. Die Verwaltung schenkt ______ Krankenhaus leider nichts.

b | Welche Verben können eine Dativ- und eine Akkusativergänzung haben? Kreuzen Sie an.

☐ schenken	☐ helfen	☐ bringen	☐ lieben
☐ zeigen	☐ danken	☐ empfehlen	☐ verstehen
☐ folgen	☐ geben	☐ antworten	☐ erklären

c | Welche Ergänzungen haben die anderen Verben? Schreiben Sie *D* oder *A* in die Kästchen.

➥ KB 10

8 Indirekte Fragesätze

Formulieren Sie die Einleitungssätze und ergänzen Sie die Fragewörter.

1. (mir sagen können)

   Können Sie ______________________, ______ der Bahnhof ist?

2. (leider nicht wissen)

   ______________________, ______ der Fahrscheinautomat funktioniert.

3. (fragen dürfen)

   ______________________, ______ Sie kommen?

4. (wissen möchten)

   ______________________, ______ das so kompliziert ist.

5. (nicht verstehen)

   ______________________, ______ Sie sagen.

→ KB 11

9 Wie funktioniert ein Scanner?

Schreiben Sie Sätze.

Scannerabdeckung (2x) | Glas | Bildschirm | Bilddatei | Bild | Befehl „Scannen" | Dokument | Blatt

Öffnen	zuerst	die …	
Legen	dann	das …	auf das …
Schließen		die …	
Wählen	danach	den …	
Kontrollieren	dann	das …	auf dem …
Speichern	zuletzt	das …	in der …

1. Öffne zuerst die .
2.
3.
4.
5.
6.

10 Wie bitte?

a | Markieren Sie die Satzenden und die einzelnen Wörter.

KÖNNENSLSIEIZDASPTEWIEDERHOLENDGWIEWARMRDASBZFGLEICHLIVUEHABEICHMVUESIEBGERICHTIGPOVUVERSTANDEN

b | Notieren Sie die Fragen.

1.
2.
3.

11 Fehlersuche

In der E-Mail sind folgende Fehler: zwei Fehler im Kasus, ein Fehler in der Wortstellung, ein falsches Fragewort, ein falsches Modalverb. Korrigieren Sie die Fehler und schreiben Sie die richtige Form daneben.

E-MAIL

Liebe Klara,

ich habe mir einen Scanner gekauft, weil ich den alten Fotos ______

einscannen möchte. Leider ich habe aber nicht verstanden, ______

wo der Scanner funktioniert. Ich weiß, dass du dich mit technischen ______

Geräten gut auskennst. Musst du mir den Scanner erklären? Vielleicht ______

kann ich ja heute Abend zu dir kommen und gleich alles ausprobieren. ______

Vor allem musst du mich zeigen, wie ich die Dateien abspeichern kann. ______

Liebe Grüße

Papa

➥ KB 12, 13

12 Textverarbeitung am Computer

Schreiben Sie Sätze im Imperativ und im Perfekt in der richtigen Reihenfolge. Ersetzen Sie im Perfektsatz die Akkusativergänzung durch das Personalpronomen. (Achten Sie auf die trennbaren Verben!)

den Computer einschalten | den Computer herunterfahren | Überschriften hervorheben | den Text ausdrucken | den Text einfügen | das Textprogramm anklicken | das Programm schließen | den Text abspeichern

1. Schalten Sie den Computer ein! – Ich habe ihn ______
2. ______ – ______
3. ______ – ______
4. ______ – ______
5. ______ – ______
6. ______ – ______
7. ______ – ______
8. ______ – ______

→ KB 15

13 Warum ist das Wetter so schlecht?

a | Ergänzen Sie *weil* oder *deshalb*.

1. Ich freue mich schon auf den Frühling, ______ die Tage länger werden.
2. Letzte Nacht hat es Frost gegeben, ______ ist auf den Straßen Glatteis.
3. Der Schneefall war sehr stark, ______ gibt es Probleme auf den Straßen.
4. Letzten Sommer war es sehr trocken, ______ es lange nicht geregnet hat.
5. Im Sommer ist es oft heiß und feucht, ______ gibt es Gewitter.
6. Es hat einen schweren Unfall gegeben, ______ der Nebel so dicht war.

b | Verbinden Sie die folgenden beiden Sätze. Verwenden Sie *weil*, *deshalb*, *dass* und *nämlich*.

Die Sonne scheint. Ich freue mich.

1. ______, ______
2. ______, deshalb ______
3. ______, dass ______
4. ______, ______ nämlich.

14 Die Jahreszeiten

Ordnen Sie zu und schreiben Sie Sätze.

Schneeschauer | Straßen – glatt | Blätter – bunt | April – wechselhaft | oft ziemlich kühl | ~~Temperaturen – mild~~ | heiß | Gewitter | Frost | Nebel

1. Im Frühling *werden die Temperaturen mild.*
______
2. Im Sommer ______
3. Im Herbst ______
______
4. Im Winter ______
______

15 Geschichten aus Neustadt

a | Lesen Sie die Reportage aus dem Neustädter Stadtblatt.
Welcher Satzteil passt wo? Schreiben Sie den Buchstaben in die richtige Lücke.

A und schon war er hinter einer Tür verschwunden

B wo er geblieben ist

C und warten nun am Gepäckband auf Ihren Koffer

D Wenn Sie ihn dann doch nicht bekommen

E und wo er hin muss

Wenn ein Koffer auf Reisen geht

Kennen Sie das auch, liebe Leserinnen und Leser? Sie sind gerade mit dem Flugzeug gelandet ____ . Die ersten Gepäckstücke kommen, eines nach dem anderen findet seinen Besitzer, nur Ihr Koffer kommt und kommt nicht.
Die nette Dame am Schalter hat ihm einen Strichcode gegeben ____ . Was ist mit ihm in der Zwischenzeit passiert?
Wenn Ihr Koffer durch die Tür beim Check-in-Schalter fährt und Sie ihm etwas traurig nachblicken, kommt er in eine riesige Halle mit vielen Förderbändern. Der Strichcode ist sein „Wegweiser“, durch ihn weiß der Computer, wo der Koffer gerade ist ____ .
Er leitet ihn zum richtigen Gate. Der Computer speichert auch alle Daten des Koffers für zwei Monate. Wenn Sie ohne Ihren Koffer am Ziel ankommen, dann kann man nachprüfen, ____ . Deshalb ist es wichtig, dass Sie alte Anhänger entfernen, damit das Computersystem richtig arbeiten kann.
Auch nach der Ankunft am Zielflughafen wird der Koffer gescannt, damit man weiß, dass er da ist. ____ , hat ihn vielleicht jemand anders mit dem eigenen verwechselt. Das soll ja immer wieder vorkommen …

b | Lesen Sie die Zusammenfassung des Textes und ergänzen Sie die Wörter.

Am Check-in-Schalter bekommt jedes Gepäcksstück einen ________ . Dieser Code ist die Verbindung zum ________ , der die ganze Gepäckanlage steuert. Das Computersystem ________ auch alle Daten zu Ihrem Gepäck für zwei Monate, damit man es wiederfindet, wenn es verloren geht. Es ist auch wichtig, dass man alle ________ Zettel mit Strichcodes entfernt. Bei der Ankunft läuft der Koffer über einen Scanner. Danach kommt er auf das ________ , wo man ihn abholen kann.

16 Einen Text rekonstruieren

a | Ergänzen Sie die E-Mail.

Hallo Kerstin!

Das Klima in der Firma ist leider eher frostig, ______ mein Chef immer schlechte Laune hat.

Gestern ______ der Kopierer nicht funktioniert und der Chef hat sich sehr geärgert.

Es hat also gleichzeitig Blitz und ______ gegeben.

Ich habe dann ______ Gebrauchsanleitung studiert und das Gerät repariert.

Man braucht viel Geduld, ______ man bei den häufigen Gewittern ruhig bleibt.

Zum Glück sehen wir uns bald, dann ist die Welt wieder voller  ______ !

Bis bald und viele Küsse!

Leo

b | Vergleichen Sie den Text mit dem Lösungsschlüssel und korrigieren Sie.

c | Lernen Sie den Text Satz für Satz auswendig.
Decken Sie die Sätze ab und schreiben Sie sie auf.

Hallo ______

Das ______

weil ______

Gestern ______

und ______

Es ______

Ich ______

______

Man ______

______

Zum ______

______

Bis ______

Leo

17 Richtig schreiben: h

Schreiben Sie die Wörter noch einmal und setzen Sie das *h* an die richtige Stelle.

FÖN-H	der ______	WAR-H	______
REISEFÜRER-H	______	VERWÖNT-H	______
FRÖLICHKEIT-H	______	GEWÖNEN-H	______
VERKER-H	______	JAR-H	______
AUTOBAN-H	______	FART-H	______

Meine 2. Identität

Schreiben Sie in Ihrer 2. Identität eine E-Mail an einen Freund oder an eine Freundin. Beschreiben Sie das Klima in Ihrer Firma oder in Ihrer Familie. Überlegen Sie vorher, welche Wörter Sie verwenden können.

Gutes Klima:

Schlechtes Klima:

Füreinander da sein

→ KB 1

1 Familienformen

Zeichnen Sie die Personen zu den Familienformen.

das Paar | der Alleinerziehende | die Patchworkfamile

→ KB 2

2 Textgrammatik

a | Lesen Sie den Textauszug. Unterstreichen Sie alle Wörter, die sich auf *das Baby* beziehen.

Illa ist bei Birgit gewesen. Nicht nur zum Spielen, sondern richtig auf Besuch. Birgit hat nämlich eine neue kleine Schwester. Sie ist erst eine Woche alt. [...]
„Alles um so ein kleines Kind muss ganz sauber sein", hat Mama gesagt. „Auch der Besuch."
Die kleine Schwester heißt Sara und hat nur geschlafen. Die ganze Zeit.
Trotzdem weiß Illa, dass Sara blaue Augen hat. Weil alle neugeborenen Kinder blaue Augen haben, hat Mama gesagt.

b | Ergänzen Sie.

Nomen mit Adjektiv: eine neue kleine Schwester ______ ______ ______

Personalpronomen: ______ Name: ______

→ KB 4

3 Feste

Notieren Sie acht Feste mit Artikel.

E	R	S	T	K	O	M	M	U	N	I	O	N
U	S	F	H	O	C	H	Z	E	I	T	O	L
M	K	O	N	F	I	R	M	A	T	I	O	N
S	L	U	G	E	B	U	R	T	S	T	A	G
H	O	N	A	M	E	N	S	T	A	G	I	S
R	F	T	O	P	F	E	R	F	E	S	T	M
S	W	E	I	H	N	A	C	H	T	E	N	T
N	E	U	J	A	H	R	S	F	E	S	T	A

die ______
______
______
______
______
______
______
______

➥ KB 5

4 Ein unsicheres Paar

Ergänzen Sie die Präpositionen und Pronomen.

1. Ich kann mich doch ___ dich verlassen? – Ja, wir verlassen uns aufeinander.
2. Manchmal spreche ich zu wenig ___ dir. – Ja, wir sprechen oft wenig ___.
3. Manchmal denke ich, ich passe nicht ___ dir. – Doch, wir passen ___.
4. Manchmal ärgere ich mich ___ dich. – Paare ärgern sich manchmal ___.
5. Ich möchte ___ dir bleiben. – Wir bleiben sicher ___.
6. Ich habe mich ___ dich entschieden. – Ja, wir haben uns ___ entschieden.
7. Glaubst du, ich gewöhne mich ___ dich? – Wir gewöhnen uns sicher ___.

➥ KB 8

5 Wie macht man Palatschinken?

Schreiben Sie das Rezept auf.

„Also, für 3 Personen gibst du 3 Eier, ca. einen Viertel Liter Milch und 100 g Mehl in ein Gefäß und verrührst alles gut. Jetzt gibst du in eine Pfanne etwas Öl oder Butter und erhitzt das Fett. Dann gießt du etwas Teig in die Pfanne und verteilst ihn gut. Wenn die Unterseite ein wenig braun ist, drehst du die Palatschinke um und brätst auch die andere Seite. Dann gibst du sie auf einen Teller, bestreichst sie mit Marmelade, rollst sie ein und streust Zucker darüber."

Zutaten: ___ ___

___ ___

___ ___

Zubereitung: ___ und Mehl in ein Gefäß geben und alles gut

___

___

Wenn die Unterseite ein wenig braun ist, ___

___

___

___

6 Der perfekte Kuchenteig

Ergänzen Sie die Verben und ordnen Sie die Sätze.

streuen | schlagen | mischen | rühren (2x) | ~~heben~~ | ausrollen | trennen

☐ Geben Sie jetzt die Milch dazu und heben Sie dann den Eischnee unter den Teig.

☐ ___ Sie das Mehl mit dem Backpulver und ___ Sie es unter die Butter.

☐ Jetzt können Sie den Teig ___ .

1 ___ Sie die Eier und ___ Sie das Eiweiß zu Eischnee.

☐ ___ Sie Mehl auf die Arbeitsfläche.

☐ ___ Sie die Butter weich und geben Sie das Eigelb und Zucker dazu.

➥ KB 10

7 Weihnachtseinkäufe

a | Ergänzen Sie die passenden Nomen.

1. Hast du schon ___ für deine Tante? – Nein, ich habe noch keins gefunden.
2. Hast du ___ für Vater? – Ja, ich habe schon eine.
3. Hast du ___ für Paul? – Ja, ich habe schon einen.
4. Und ___ für Christa? – Nein, ich habe noch keine gesehen, die mir gefallen.

b | Kreuzen Sie das richtige Indefinitpronomen an.

1. Ich suche noch Kerzen. – Da gibt es ☐ eines ☐ welche ☐ keinen.
2. Ich möchte einen schönen Weihnachtsbaum. – Da ist ☐ einen ☐ einer ☐ kein.
3. Ich suche eine Packung Fertigteig für Zimtsterne. – Da ist noch ☐ eine ☐ eines ☐ welche.
4. Haben Sie Ausstechformen? – Ja, hier sind ☐ keine ☐ eine ☐ welche.
5. Gibt es noch einen Adventskranz? – Leider haben wir ☐ einen ☐ keinen ☐ keins mehr.

➥ KB 11

8 Opa, wie war das früher?

Schreiben Sie indirekte Fragesätze.

1. Wie hast du als Kind Weihnachten gefeiert? | fragen

   Louis ____________________

2. Hast du viele Geschenke bekommen? | sich erkundigen

   ____

3. Seid ihr in die Kirche gegangen? | wissen wollen

   ____

4. Wo hat denn der Weihnachtsbaum gestanden? | fragen

   ____

5. Hat deine Mutter auch Zimtsterne gebacken? | sich erkundigen

   ____

6. Was war dein schönstes Geschenk? | wissen wollen

   ____

➥ KB 12

9 Wo ist das Hotel?

Ergänzen Sie *jemand*, *jemanden* und *jemandem* und die passenden Fragewörter.

1. Irgendwo hier muss es sein, aber ________ ?
2. Ich sollte ____________ fragen, aber ________ ?
3. ____________ muss mir helfen, aber ________ ?
4. Ich zeige ____________ die Adresse, aber ________ ?
5. Ich sollte den Mann dort fragen, aber ________ ? Ich kann ja die Sprache nicht.
6. Ich muss etwas tun, aber ________ ?

→ KB 12, 13

10 Eine Autopanne

Ordnen Sie den Dialog und ergänzen Sie gleichzeitig die Lücken.

~~Was kann ich für Sie tun?~~ | Ich kann Sie schlecht verstehen. | das kriegen wir schon hin. | dass | ob | wie | eine | einer | wo

1	C	2		3		4		5		6	

1. Pannenhilfe. Was kann ich für Sie tun?
2. Haben Sie den Motor abgestellt?
3. Dann müssen Sie die Sicherung abtrennen.
4. Keine Angst, ___ Haben Sie eine Zange?
5. Ich habe gefragt, ___ Sie eine Zange haben.
6. Öffnen Sie die Motorhaube.

A Wie bitte? ___

B Ich muss erst nachschauen, ___ der Hebel ist. Da ist ___ …
Oh, da kommt die Polizei. Ich hoffe, ___ die mir helfen kann. Danke.

C Guten Tag. Ich habe ein Problem. Meine Hupe hupt ständig.

D Ja, aber das nützt nichts.

E Eine Zange? Ja, da ist ___. Und was mache ich jetzt?

F In Ordnung, aber ___?

→ KB 13

11 Neue Komposita

Ergänzen Sie die Wortteile aus dem Schüttelkasten.

SCHLÜSSEL | ZEUG | WEHR | LEITER | ABSCHLEPP | NOT

die	___		___
___ Feuer-	___	der	___ -dienst
___	___		___

→ KB 14

12 Indefinitpronomen

a | Ordnen Sie die Wörter aus dem Schüttelkasten zu.

viele | keine | einige | manche | wenige | alle

1 

___

2 

___

3 

___

4 

___

5 

___

6 

___

b | Wo müssen Sie Endungen ergänzen? Schreiben Sie.

	alle	manche	einige
Ich mag			
Ich spreche mit			

13 Ein Politiker hält eine Rede

Ergänzen Sie die Endungen der Indefinitartikel.

1. All___ Bürgerinnen und Bürger, jed___ Mann, jed___ Frau und jed___ Kind sollte genug Geld zum Leben haben.
2. Damit das funktioniert, müssen wir gemeinsam viel___ Aufgaben lösen.
3. Wir brauchen dafür jed___ Hilfe und sollten jed___ Konflikt offen besprechen.
4. Ich bin mit einig___ Politikern von anderen Parteien im Gespräch.
5. Es ist klar, dass manch___ politischen Gegner protestieren.
6. Ich bin aber sicher, dass viel___ Kolleginnen und Kollegen uns unterstützen.

14 Fehlersuche

In der E-Mail gibt es in jedem Satz einen Fehler. Markieren Sie und korrigieren Sie die Fehler.

E-MAIL

Liebe Vera, lieber Tom,

vielen Danke für die Einladung zu Veras Taufe.

Leider können wir nicht kommen, weil wir feiern am Sonntag selbst

ein Familienfest.

Mein Vater hat nämlich 70 Jahre alt.

Wir hoffen aber, ob ihr uns bald besuchen kommt.

Dann können wir Klein-Vera den Taufgeschenk persönlich geben.

Liebe Grüße

Gerda und Fred

15 Arbeit heute und früher

Wiederholen Sie das Präteritum, formulieren Sie Sätze.

1. Heute müssen die Arbeitnehmer 40 Stunden pro Woche arbeiten. | bis zu 60 Wochenstunden

   Früher mussten

2. Heute kann sich fast jeder einen Urlaub im Ausland leisten. | fast niemand

   Früher

3. Die meisten Jugendlichen haben eine gute Ausbildung. | nur wenige Jugendliche

4. Das ist heute kein Problem. | für viele ein großes Problem

5. Kinder dürfen heute nicht mehr arbeiten. | oft 13 Stunden am Tag arbeiten müssen

6. Die Menschen wollen weniger arbeiten und mehr verdienen. | auch nichts anderes

16 Geschichten aus Neustadt

a | Lesen Sie die Sätze im Schüttelkasten und markieren Sie die Wortgrenzen.

Gutdannmachenwiresso: | IstdasinOrdnung? | Schadedakannmannichtsmachen. | Daskannschonseinaberdafürkannichjanichts. | Estutmirleidaberheutegehtesnicht.

b | Lesen Sie die Szene und ergänzen Sie die Sätze aus dem Schüttelkasten. Achten Sie auf die Kommas!

Lukas *(liest die Zeitung)*: Da ist ein Artikel über den Weihnachtsmarkt auf dem Rathausplatz. Heute gibt es ein spezielles Kinderprogramm mit altem Spielzeug und einem Karussell. Außerdem kommt der Nikolaus und ein Kinderchor singt Weihnachtslieder aus aller Welt.

Max: Bitte, Mama, Papa, gehen wir hin. Letztes Jahr habe ich beim Weihnachtsquiz gewonnen.

Lisa: ________________ Es ist viel zu kalt und mir geht es nicht gut.

Lukas: ________________

Max: Ich möchte da aber hingehen. Wir gehen doch jedes Jahr auf den Weihnachtsmarkt! Immer ist dir schlecht. Das nervt.

Lisa: ________________ Das ist nun einmal so, wenn man schwanger ist. Warum gehst du nicht mit Papa und ich komme vielleicht später nach.

Lukas: ________________ Wir gehen voraus und treffen uns dann am Glühweinstand vor der Kirche. Es gibt auch Kinderpunsch. Den könnt ihr beide auch trinken.

Lisa: Ja, denn den Weihnachtsschmuck möchte ich mir schon ansehen. Wir brauchen ein paar neue Sachen. Und ich habe Lust auf Zimtsterne. Was meinst du, Max? ________________

Max: Ja, einverstanden.

c | Was kann man auf dem Weihnachtsmarkt machen? Verbinden Sie.

Glühwein, Kinderpunsch ○	○ fahren
Weihnachtsschmuck ○	○ spielen
Karussell ○	○ trinken
mit altem Spielzeug ○	○ essen
Zimtsterne ○	○ hören
Weihnachtslieder ○	○ kaufen

17 Einen Text rekonstruieren

a | Ergänzen Sie die den Text aus einem Tagebuch.

bekommen | geweint | haben | Ich | miteinander | meisten | Rede | tolles | Venedig | vorbei

Liebes Tagebuch,

nun ist meine Hochzeit ________. Es war ein sehr schönes Fest. Wir ________ 50 Gäste eingeladen.

Zuerst hatten wir ein ________ Essen, dann hat eine Musikgruppe gespielt. ________ habe mit allen Männern getanzt. Am ________ haben aber natürlich Gerd und ich ________ getanzt.

Mein Vater hat eine nette ________ gehalten, da habe ich ein bisschen ________. Wir haben auch viele tolle Geschenke ________. Morgen fahren wir auf Hochzeitsreise nach ________.

b | Vergleichen Sie den Text mit dem Lösungsschlüssel und korrigieren Sie.

c | Der Text oben hat drei Abschnitte. Lernen Sie Abschnitt für Abschnitt auswendig. Achten Sie dabei auf Schlüsselwörter, z. B. *Hochzeit*, *Fest*, *Gäste*. Decken Sie die Abschnitte ab und schreiben Sie sie auf.

Liebes Tagebuch,

____

________ eingeladen.

Zuerst ________

____

____

________ getanzt.

Mein Vater ________

____

________ Venedig.

18 Richtig schreiben: Satzzeichen

Ergänzen Sie.

: | . | ? | , | „ | “ | ! | ,

Der Polizist fragt ☐ ☐ Haben Sie schon den Pannendienst gerufen ☐ ☐

Der Polizist fragt ☐ ob wir schon den Pannendienst gerufen haben ☐

Oje ☐ das haben wir vergessen ☐

Meine 2. Identität

Schreiben Sie in Ihrer 2. Identität einen Text für ein Tagebuch. Beschreiben Sie ein besonderes Fest.

Überlegen Sie zuerst:

Welches Fest? ____________________

Gäste: ____________________

Essen: ____________________

Programm: ____________________

Geschenke: ____________________

Liebes Tagebuch,

____

____

____

____

____

____

____

____

Aus vergangenen Zeiten

→ KB 2

1 Auf dem Dachboden

Was gehört zusammen? Notieren Sie die Nomen mit Artikel.

die Briefmarke + die

das Besteck:

2 Erinnerungen

Schreiben Sie Sätze im Perfekt.

1. Den Plattenspieler: ich | bekommen | zum 14. Geburtstag

   Den Plattenspieler

2. Die Schallplatte: dein Vater | schenken | mir

3. Die Briefmarken: mein Opa | sammeln

4. Den Kerzenständer: wir | kaufen | in Italien

5. Den Fotoapparat: ich | suchen | lange

6. Das Besteck: gehören | deiner Oma

→ KB 3

3 Wem gehört das?

Ergänzen Sie die Possessivpronomen und markieren Sie die Endungen.

1. Gehört der Koffer dir? – Ja, das ist meiner.
2. Schenkst du mir wirklich dieses Buch? – Ja, es ist ______.
3. Ist das die Geldbörse von Peter? – Ja, das ist ______.
4. Gehören diese Schallplatten deiner Mutter? – Ja, das sind ______.
5. Ist das das Wasser von deinem Haustier? – Ja, das ist ______.
6. Gehört das Haus jetzt wirklich uns? – Ja, es ist ______ (wir).
7. Wem gehört denn der alte Plattenspieler? – Das ist doch ______ (du)!
8. Deine Eltern haben wirklich dieses Auto gekauft? – Ja, das ist ______.

4 Possessivpronomen: Nominativ, Akkusativ, Dativ

Beschriften Sie die Tabelle und schreiben Sie Sätze mit den Formen von *uns*.

	maskulin		
Nom	Ist das euer Garten?	Ist das euer Haus?	Ist das eure Wohnung?
	Ja, das ist unserer.		
	In welchen Garten gehen wir?	In welches Haus gehen wir?	In welche Wohnung gehen wir?
	In		
	In welchem Garten feiern wir?	In welchem Haus feiern wir?	In welcher Wohnung feiern wir?
	In		

Plural	**Nominativ**		
	Sind das eure Kinder?	Für welche Vorschläge entscheidet er sich?	Zu welchen Eltern fahren wir?
	Ja, das		

➥ KB 5, 6

5 Die Wortfamilie spielen

eSpielr | tungleiSpielan | Spiel | liSpieleert | Spieldefl

a | Ordnen Sie die Buchstaben und schreiben Sie sie in die richtige Zeile.

_____ _ _ _ _ _

der _ _ _ _ _ _ _

_____ _ _ _ _ _ _ _ _ _

_____ _ _ _ _ _ _ _ _ _ _ _

_____ _ _ _ _ _ _ _ _ _ _ _ _ _ _

b | Welche Wörter gibt es nicht? Streichen Sie durch.

Ball-, Karten-, Ausgangs-, Gesellschafts-, Eishockey- } -spiel

Spiel- { -film, -zeug, -straße, -verkehr, -regel

➥ KB 10

6 Temporal- und Lokalangaben im Satz

a | Welche Sätze stimmen nicht? Streichen Sie durch und korrigieren Sie.

1. Ich bin nach Deutschland letztes Jahr gekommen.
2. In Berlin habe ich einen Studienplatz.
3. Schon als Kind habe ich von Deutschland geträumt.
4. Jetzt da ich bin und ich bin sehr froh.

b | Schreiben Sie den Satz auf Kärtchen und variieren Sie die Angaben auf Position 1.

ICH | BIN | VOR ZWEI JAHREN | MIT MEINEM MANN

NACH BERLIN | GEKOMMEN.

7 Sätze bilden

a | Ordnen Sie die Satzglieder.

1. ICH | HABE GEGRÜNDET | EIN UNTERNEHMEN | VOR EINEM JAHR

Subjekt	Verb Teil 1	Temporal-angabe	Ergänzung	Verb Teil 2

2. ALLES | HABE GEPLANT | ICH | ZUERST

Subjekt	Verb Teil 1	Temporal-angabe	Ergänzung	Verb Teil 2

3. BIN GEGANGEN | ZUR BANK | ICH | DANN

Subjekt	Verb Teil 1	Temporal-angabe	Lokalangabe	Verb Teil 2

4. SOFORT | HAT GEGEBEN | MIR | DIE BANK | EINEN KREDIT

Subjekt	Verb Teil 1	Ergänzung (Dativ)	Temporal-angabe	Ergänzung (Akkusativ)	Verb Teil 2

b | Schreiben Sie die Sätze noch einmal. Beginnen Sie immer mit der Temporalangabe.

1. ______________________________

2. ______________________________

3. ______________________________

4. ______________________________

➥ KB 12

8 Ein Telefongespräch

Kreuzen Sie die passende Partikel an.

▪ Peters.
▫ Hallo, wer spricht ☐ ja ☐ denn da?
▪ Peters, das habe ich ☐ denn ☐ doch schon gesagt.
▫ Melden Sie sich ☐ aber ☐ doch!
▪ Hier spricht Peters. Wer sind Sie ☐ denn ☐ aber?
▫ Sie sind ☐ doch ☐ ja aggressiv!
▪ Dann sagen Sie mir ☐ doch, ☐ aber, wie Sie heißen und was Sie wollen!
▫ Ich will ☐ ja ☐ denn gar nichts von Ihnen.
▪ Jetzt ist es ☐ doch ☐ aber genug! Auf Wiedersehen!

➥ KB 13

9 Der Mauerfall: Vermutungen und Zweifel

Ergänzen Sie die die Adverbien und Verben.

annehmen | schätzen | bezweifeln | vermuten | wahrscheinlich | vermutlich

Ich b__________, dass die historischen Ereignisse alle so sehen. W__________ haben das viele auch anders erlebt. Ich n__________, dass sich manche nicht über den Fall der Mauer gefreut haben. V__________ waren die DDR-Politiker ziemlich erschrocken. Ich sch__________, sie haben versucht, ihre Privilegien zu retten. Viele v__________, dass die DDR-Regierung von den Ereignissen überrascht war.

10 Wortschatz

Welches Wort passt nicht? Streichen Sie durch.

1. Demokratie | Wahlen | Volk | Behörde
2. Gewerbe | Ausbürgerung | Flucht | Gefängnis
3. Demonstration | Kredit | Öffnung | Volk
4. fliehen | überwachen | mitspielen | verhaften

11 Noch einmal deutsche Geschichte

Ergänzen Sie die Sätze.

weil | deshalb | wenn | die | wie

1. Viele Menschen verließen Ostdeutschland, ______ baute die Regierung der DDR die Berliner Mauer.
2. Die Menschen brauchten nun ein Visum, ______ sie sich treffen wollten.
3. Ich frage mich, ______ sich die Menschen damals gefühlt haben.
4. Viele DDR-Bürger, ______ Ostdeutschland verlassen wollten, kamen ins Gefängnis.
5. 1989 flohen die Menschen in die deutsche Botschaft in Budapest, ______ sie ausreisen wollten.

➥ KB 14

12 Filme über Deutschland

a | Welche Sätze passen zu den Filmen? Ordnen Sie zu.

Es war einmal im Osten ...
SONNEN ALLEE
______

Das Leben der Anderen
______

DAS VERSPRECHEN
Ein Film von MARGARETHE VON TROTTA
______

GOOD BYE LENIN!
______

1. Künstler hat man in der DDR besonders genau beobachtet.
2. Ein junger Ost-Berliner denkt darüber nach, warum Berlin geteilt ist.
3. Das ist eine Liebesgeschichte.
4. Der Film zeigt das Ende der DDR und die Wiedervereinigung.
5. Der Film zeigt, welche Probleme DDR-Bürger in den 1970er Jahren hatten.
6. Der Film zeigt, wie die Stasi die Menschen in der DDR überwacht hat.
7. Der Held will seiner kranken Mutter nicht sagen, dass es die DDR nicht mehr gibt.
8. Die beiden Liebenden sehen sich erst nach dem Fall der Berliner Mauer wieder.

b | Schreiben Sie die Nomen zu den Verben.

1. fliehen – die ______
2. protestieren – ______
3. fallen – ______
4. fordern – ______

➥ KB 15

13 Die Verbformen

a | Ergänzen Sie die fehlenden Verbformen.

Infinitiv	Präteritum	sein / haben + Partizip Perfekt
feiern	feierte	....
....	floh	ist geflohen
....	weinte	....
....	öffnete	....
....	gewann	hat gewonnen
....	handelte	hat gehandelt
....	erfand	....
....	verlor	hat verloren

b | Markieren Sie die unregelmäßigen Verben in der Tabelle.

14 Ein Zeitungsbericht

Lesen Sie den Text und erzählen Sie Ihrem Nachbarn von dem Unfall: Schreiben Sie im Perfekt.

Gestern gab es einen schweren Unfall. Der Fahrer eines Pkw telefonierte gerade mit dem Handy. Deshalb bemerkte er nicht, dass ein Kind auf die Straße lief. Das Kind fiel zu Boden und blieb bewusstlos liegen. Passanten riefen sofort den Notarzt. Man brachte das Kind ins Krankenhaus.

Telefonieren beim Autofahren ist wirklich unverantwortlich: Gestern hat es wieder einen schweren ______________________

____

____

____

____

____

15 Geschichten aus Neustadt

a | Lisa schreibt eine E-Mail an ihren Vater. Lesen Sie und ergänzen Sie den Text. Sehen Sie in den Lesetexten zu den einzelnen Lektionen nach!

E-MAIL

Lieber Papa,

ich möchte noch einmal über das Thema sprechen, über das wir uns neulich am Telefon unterhalten haben. Wollt ihr, du und Mama, nicht hierher nach Neustadt ziehen? Dann seid ihr in meiner Nähe und ich kann mich um euch kümmern, wenn ihr krank seid.

Das Leben in Neustadt ist sehr angenehm und wir haben uns hier gut eingelebt. Es gibt für Max eine gute Schule und meine Arbeit im Krankenhaus macht mir Spaß.

Der öffentliche Verkehr funktioniert gut. Wir haben eine __________ (Lektion 11), ein gutes Bus-Netz und einen __________ (Lektion 18). Außerdem kümmert sich die Stadt – ich weiß, das ist dir wichtig – auch um Menschen mit sozialen Problemen. So gibt es zum Beispiel die __________ (Lektion 13).

Auch im kulturellen Bereich hat die Stadt etwas zu bieten. Es gibt Theater und Kinos, aber auch interessante Museen. Wenn ihr hier seid, könnt ihr zum Beispiel mit Max ins __________ (Lektion 12) gehen. Dort haben sie immer am letzten Mittwoch im Monat ein eigenes __________. Aber natürlich gibt es auch für Erwachsene interessante Veranstaltungen. Im Moment findet zum Beispiel eine __________ (Lektion 17) im Sportzentrum statt. Das wäre doch etwas für dich, oder?

Besonders gut gefallen mir die vielen internationalen __________ (Lektion 14). Du kannst hier __________, __________, __________ oder __________ essen. Nicht vergessen darf ich natürlich unser tolles __________ (Lektion 15) im Sommer und den stimmungsvollen __________ (Lektion 19) auf dem Rathausplatz.

Du siehst, in Neustadt kann man sehr gut leben. Bitte, denkt darüber nach!

Alles Liebe

Lisa

b | Aus welchen öffentlichen Bereichen nennt Lisa Beispiele? Kreuzen Sie an.

☐ Kultur ☐ Sport ☐ Soziales ☐ Verwaltung ☐ Verkehr ☐ Gastronomie

16 Einen Text rekonstruieren

a | Ergänzen Sie die Projektpräsentation.

die | geschäftliche | in | Kontakt | Italienisch | betonen | schon | sehen | Sprachen | vorstellen

Ich möchte Ihnen meine neue Firmenidee ______. Wir bieten einen Briefservice in fünf ______ an: Deutsch, Russisch, Chinesisch, Türkisch und ______. Wir erstellen persönliche und ______ Briefe in diesen Sprachen.

Ich habe ______ eine Homepage für die Firma entworfen, ______ ich Ihnen hier zeigen möchte. Sie ______, dass Kunden ganz leicht mit uns ______ aufnehmen können.

Zum Schluss möchte ich ______, dass eine Marktanalyse einen großen Bedarf ______ diesem Bereich gezeigt hat.

b | Vergleichen Sie den Text mit dem Lösungsschlüssel und korrigieren Sie.

c | Der Text oben hat drei Abschnitte. Lernen Sie Abschnitt für Abschnitt auswendig. Decken Sie die Abschnitte ab und schreiben Sie sie auf.

Ich ______

______

______ Italienisch.

Wir erstellen ______

Ich ______

______

______ aufnehmen können.

Zum Schluss ______

______ gezeigt hat.

17 Richtig schreiben: die Verbformen

Ergänzen Sie *ie, mm, ss, ah*.

halten	h___lt	gehalten
entscheiden	entsch___d	entsch___den
schlafen	schl___f	geschlafen
laufen	l___f	gelaufen
bleiben	bl___b	gebl___ben
schießen	scho___	gescho___en
nehmen	n___m	geno___en
ko___en	kam	geko___en

Meine 2. Identität

Bereiten Sie in Ihrer 2. Identität eine Projektpräsentation vor.
Lesen Sie noch einmal in den Lektionen 11 und 14 nach, welchen Beruf Sie gewählt haben.
Überlegen Sie, wem Sie das Projekt vorstellen: der Bank, Ihren Mitarbeitern, Ihrer Familie?
Was wollen Sie erreichen? Wie können Sie die Zuhörer überzeugen?

Lektion 11

1 die Klarinette, das Saxofon, die Trompete, die Gitarre, das Schlagzeug, die Mundharmonika, die Geige, die Querflöte, das Cello

2 1. ein; 2.eine; 3. ein; 4. ein; 5. eine

3 2. Was für ein Instrument spielt Simon? 3. Was für einen Kuchen backt Isa? 4. Was für Konzerte besucht Carla oft?

4 2. Welchen Apfel willst du essen? 3. Welches Instrument spielst du? 4. Welche Sprache lernst du? Welchen Film willst du sehen?

5 1. Weil ich keinen Hunger habe. 2. Weil die Natur dort so toll ist. 3. Weil das Wasser zu kalt ist. 4. Weil ich in Deutschland lebe. 5. Weil es ein Bestseller ist.

6 2. Die; 3. gehört; 4. können wir; 5. sag

7 1. Jede Universität hat ein Büro für internationale Beziehungen. 2. EU-Bürger bezahlen manchmal keine Studiengebühren. 3. Studierende aus anderen Ländern müssen Studiengebühren bezahlen. 4. Ausländische Studierende bekommen selten ein Stipendium. 5. Flüchtlinge können ein Stipendium bekommen.

8 a 1. Ein Minijob ist gut für mich. 2. Ich finde bald einen.

8 b Ich denke, dass ein Minijob für mich gut ist / ... gut für mich ist. Ich hoffe, dass ich bald einen Minijob finde.

9 1. Toni sagt, dass Markus gut singen kann. Toni sagt, dass Markus einmal Sänger werden möchte. Toni sagt, dass er aber noch besser singen kann.
2. Tonis Vater sagt, dass Toni als Baby gern Musik gehört hat. Tonis Vater sagt, dass Toni auch immer gern gesungen hat. Tonis Vater sagt, dass er ihm oft Musik vorgespielt hat.
3. Tonis Mutter sagt, dass Toni in einer Schulband singt. Tonis Mutter sagt, dass Musik für ihn wichtig ist. Tonis Mutter sagt, dass er aber leider oft nicht den richtigen Ton trifft.

10 offiziell: Entschuldigen Sie bitte. Sprechen Sie bitte lauter! Ich habe Sie nicht verstanden. Können Sie das noch einmal wiederholen? Wie bitte?
privat: Was? Ich verstehe kein Wort! Was hast du gesagt? Sprich deutlicher! Wie bitte?

11 a 1. Bestimmt mag sie diese Frisur nicht. 2. Hoffentlich ist das Baby gesund. 3. Oje, sie verlieren das Spiel. 4. Hoffentlich kommt meine Mama bald.

11 b 1. Der Mann befürchtet, dass seine Freundin die Frisur nicht mag. 2. Die Frau hofft, dass das Baby gesund ist. 3. Der Mann befürchtet, dass sie das Spiel verlieren. 4. Das Kind hofft, dass seine Mama bald kommt.

12 der: Anzug, Mantel, Hut, Rock, Schal, Pullover; das: Hemd, Tuch, Kleid; die: Hose, Bluse, Jeans

13 alter Anzug, billige Bluse, freundliche Frisur, hässliches Hemd, jugendliche Jeans, komisches Kleid, melancholischer Mantel, praktischer Pullover, roter Rock, schmaler Schal, sportliche Strümpfe, typisches Tuch

14 a feierlich, schrecklich, bürokratisch, herrlich, melancholisch, staatlich, nützlich, täglich

14 b Feierliche Begrüßung; Melancholisches Lied; Herrlicher Tag; Nützlicher Tipp

15 die Universitätsstadt, das Frühlingsfest, die Übersetzungsagentur, der Auslandsaufenthalt, das Lieblingslied, die Volksmusik, die Arbeitszeit

16 b Der Bürgermeister schreibt, dass er jeden Tag mit der U-Bahn fährt. ... er viel über die Neustädter erfährt. ...er viele müde Menschen gesehen hat. ... die laute Musik viele Menschen stört. ... man die Musik leise stellen muss.

16 c b. Er möchte, dass die Menschen in der U-Bahn nicht so viel Lärm machen.

17 Brauchen Sie Hilfe in Haus und Garten? Fleißiger, geschickter Mann bietet Unterstützung an. Mache Renovierungen, Gartenarbeiten und kleine Reparaturen am Auto. Preis nach Vereinbarung. Bei Interesse bitte anrufen unter 0664 / 591935.

18 Paar, packen, Gepäck, Bar, Gebäck, backt

Lektion 12

1 1. die Unterführung; 2. die Haltestelle; 3. die Rolltreppe; 4. das Schild; 5. der Wickelraum; 6. das Seniorenheim

2 passt nicht: 1. kommt nicht; 2. ist nicht pünktlich; 3. gibt es nicht; 4. kommt nicht

3 a
1. ▪ Entschuldigung, wie komme ich zum Stephansplatz?
2. ▫ Nehmen Sie die Linie 4 in Richtung Heiligenstadt. Fahren Sie bis zum Karlsplatz.
3. ▪ Wie viele Stationen sind das?
4. ▫ Das sind genau sechs Stationen.
5. ▪ Und am Karlsplatz?
6. ▫ Da steigen Sie in die Linie 1 Richtung Leopoldau um.
7. ▪ Ist es von dort noch weit bis zum Stephansplatz?
8. ▫ Nein, Sie müssen nur eine Station fahren.

3 b **Nehmen** Sie die **Linie 4** in Richtung Heiligenstadt. Fahren Sie **sechs Stationen** bis zum Karlsplatz. Steigen Sie da in die Linie 1 um und **fahren** Sie eine **Station** bis zum Stephansplatz.

4 Ich fahre mit dem Auto, der Straßenbahn. 2. Ich verabrede mich mit einem Freund, einer Freundin, Freunden. 3. Ich telefoniere mit meinem Vater, meiner Mutter, meinen Kindern.

5 der, dem, dem, den, keiner, dem, dem, einem, dem, der, der

6 wütend, enttäuscht, unzufrieden, zufrieden, glücklich, begeistert

7 ein; alt; kostet; Sie müssen; Ihnen

8 ... meine Probleme lösen, meine Pläne realisieren, viel Neues erfahren, Liebe fühlen, mein Leben leben können!

9 das Bild – die Bilder; der Stuhl, die Stühle; der Sessel – die Sessel; der Teppich, die Teppiche; die Gardine – die Gardinen; die Leselampe – die Leselampen

10 *Hinweis*: Vergleichen Sie mit den Piktogrammen auf der Strukturen-Seite im Arbeitsbuch.

11 auf dem Fußboden ⊗ – auf das Bett ↗ – auf den Sessel ↗ – unter der Bettdecke ⊗ – in die Schultasche ↗ – in den Flur ↗ – unter dem Teppich ⊗ – in den Sessel ⊗

12 b Die Vase steht auf dem Tisch. Er stellt die Vase auf den Tisch.
Das Bild hängt an der Wand. Er hängt das Bild an die Wand.
Die Zeitung liegt unter dem Bett. Er legt die Zeitung unter das Bett.

13 a in der – in den Schrank / in die Schublade; über der – neben das Fenster; vor dem – vor die Kommode / neben das Bett; auf der – auf den Nachttisch

14 Lisa hat die ganze Nacht im Krankenhaus gearbeitet und nicht geschlafen. Am Morgen hat sie fast den Bus verpasst. Sie ist schnell nach Hause gerannt. Sie hat die Jacke an die Tür gehängt, den Müll in den Schrank geworfen, das Geschirr auf den Tisch gestellt und den Pullover in die Spüle gelegt. Um 10.00 ist sie auf dem Sofa eingeschlafen.

15 1. Wir könnten ins Kino gehen. – Hm, ich würde gern fernsehen. 2. Ich schlage vor, dass wir essen gehen. – Ich weiß nicht. Ich möchte lieber grillen.
3. Ich würde gern lesen. – Mir ist es egal. Wir könnten auch Schach spielen.

16 1. die, die Führung; 2. der, der, die Klimaanlage; 3. die, das, die Bilder; 4. die, der, die Wanderung; 5. der, der, der Stall

17 das Bücherregal, die Leselampe, der Bilderrahmen, der Reisebus, die Klimaanlage, der Esstisch, das Volksfest

18 a **ich**: mich, mir, mein; **du**: dich, dir, dein; **er**: ihn, ihm, sein; **es**: es, ihm, sein; **sie**: sie, ihr, ihr; **wir**: uns, uns, unser; **ihr**: euch, euch, euer; **sie**: sie, ihnen, ihr; **Sie**: Ihnen, Ihr

18 b Sie; du, mich; mir, ich, Sie; Unsere, Ich; Sie, Ihre; du, mir, du, mir, mir; ich, Sie, Sie

19 b im Stadtmuseum; am letzten Mittwoch im Monat, 14.00 – 16.00 Uhr; 9 – 12 Jahre; 4 Euro / 2 Euro

19 c Wochentag, Tageszeit, Uhrzeit, Eintrittspreis

20 Sehr geehrte Damen und Herren,
wir machen am 15. Mai einen Betriebsausflug an den Vierwaldstättersee. Wir sind 30 Personen und würden nachmittags gern etwas bei Ihnen essen. Wir haben an typische Snacks der Region gedacht, wie z. B. „Chässchnitten".
Außerdem möchten wir pro Person ein alkoholfreies Getränk bestellen. Bitte schicken Sie uns ein Angebot bis Ende der Woche.
Vielen Dank im Voraus.
Mit freundlichen Grüßen
Maria Schmidt

21 Haltestelle, Rollstuhlfahrer, Rolltreppe, Sessel, Esstisch, Kommode, Teppich, Kissen, Metall, Geschirr, Stall, Schloss, verpassen, rennen, stellen, trennen, originell, verstellbar, barrierefrei, überall, auf keinen Fall, klasse

Lektion 13

1 1. Der, den, dem; 2. Das, das, dem; 3. Die, die, der; 4. Die, die, den

2 a 1. für; 2. gegen; 3. für; 4. gegen

2 b 1. für; 2. gegen; 3. für; 4. gegen

3 beide: Sie duschen sich. Sie kämmen sich. Sie waschen sich die Haare. Sie putzen sich die Zähne.
Rita: Sie schminkt sich. Sie zieht sich ein Kleid an.
Leo: Er rasiert sich.

4 1. sich, die Beine; 2. mir, die Haare; 3. uns, die Schuhe; 4. sich, die Hände; 5. dir, die Haare; 6. euch, Bücher

5 mir / D; dich / A; sich / D; uns / A; euch / A; sich / D

6 1. die Familie Bajramaj; 2. in Deutschland; 3. der Vater; 4. das Talent von Fatmire; 5. Fatmire

7 waagrecht: Volleyball, Eishockey, Tennis, Handball, Schwimmen, Tanzen, Joggen, Baseball
senkrecht: Fußball, Rudern, Boxen, Ballet

8 a Zum **S**chifahren braucht man Schnee und Schier. Zum **S**chwimmen braucht man Badekleidung und Wasser. Zum **T**anzen braucht man Musik und einen Partner / eine Partnerin. Zum **S**chlittschuhlaufen braucht man Schlittschuhe und Eis.

8 b von oben nach unten: Boxen – Bild 4; Schachspielen – Bild 3; Joggen – Bild 1; Rudern – Bild 2

9 die Batterie, das Nummernschild, das Öl / die Ölflasche, das Rad, die Tür, der Rückspiegel, der Benzinkanister, der Tank, das Fenster, der Autoschlüssel

10 Quietschen von Straßenbahnen, Klappern von Rollkoffern, Klingeln von Handys, Knallen von Mülleimern, Klirren von Flaschen

11 der Hammer + der Nagel, der Pinsel + die Farbe, der Schraubenzieher + die Schraube + die Bohrmaschine + der Dübel, die Werkzeugkiste + das Werkzeug

12 a 1. noch; 2. noch; 3. schon, noch; 4. nicht mehr; 5. noch; 6. nicht mehr, noch; 7. erst; 8. noch

12 b Dialog 1: 1, 4, 7, 8, 9 Dialog 2: 2, 3, 5, 6, 10

13 richtig: **Mein** Name; Meine Tochter **heiratet**; **ein** gutes Restaurant; **um** Mitternacht; Ist **das** möglich?

14 1. Damit ich die Wand streichen kann. 2. Damit ich das Regal aufbauen / zusammenschrauben kann. 3. Wozu brauchst du die Säge: Damit ich das Holz schneiden / sägen kann. 4. Wozu brauchst du die Nägel? Damit ich die Bilder aufhängen kann. 5. Wozu brauchst du den Schraubenschlüssel? Damit ich das Fahrrad reparieren kann. 6. Wozu brauchst du drei Eimer? Damit ich (alles) putzen kann.

15 b,c 1. Lisa geht mit ihren Kollegen und Kolleginnen in ein Café, weil sie etwas essen und trinken wollen. 2. Schwester Sofia ist nicht dabei, sie arbeitet einmal im Monat ehrenamtlich. 3. Die med.hilfe ist eine Einrichtung der Stadt, damit Menschen ohne Krankenversicherung Hilfe bekommen können. 4. Lisa sucht die Homepage der med.hilfe, weil sie sich informieren will. 5. Die Initiatoren hoffen, dass sich mehr Menschen melden.

16 Sehr geehrte Damen und Herren,
vor zwei Tagen habe ich eine E-Mail an Sie geschickt. Ich habe für den 3.9. ein Menü für eine Feier bestellt. Leider habe ich noch keine Antwort von Ihnen bekommen. Können Sie die Bestellung annehmen? Bitte informieren Sie mich bis morgen.
Mit freundlichen Grüßen
Sandra König

17 a lieferbar, die Lieferung; der Spieler, das Spielfeld; die Finanzierung, finanzierbar

17 b 1. sich engagieren; 2. sich interessieren; 3. integrieren; 4. trainieren; 5. probieren; 6. reagieren

Lektion 14

1 a 1. das Abitur; 2. die Umschulung; 3. das Praktikum; 4. die Stelle; 5. die Ausbildung; 6. der Betrieb; 7. das Semester; 8. das Diplom

1 b Schule: 1, 3, 5; Studium: 3, 5, 7, 8; Beruf: 2, 3, 4, 5, 6

2 a 1. der Bleistift; 2. das Lineal; 3. die Maus; 4. die Marker

2 b 1. Bleistift, diesen Bleistift, diesem Bleistift; 2. Dieses Lineal, dieses Lineal, Lineal; 3. Diese Maus, diese Maus, dieser Maus; 4. Diese Marker, diese Marker, diesen Markern

3 1. der; 2. diesem; 3. diesen; 4. die; 5. Den

4 1. ▫ Das müssen sie mir genauer erklären. ▫ Das sehe ich ein bisschen anders. 2. ▫ Das stimmt nicht. ▫ So ein Unsinn!

5 richtig: aus **Spanien**; einen **Deutschen**; **dein** Spanisch; Wir **könnten**; Melde **dich**

6 a Albanisch, Dänisch, Estnisch, Finnisch, Hebräisch, Irisch, Kroatisch, Litauisch, Mazedonisch, Norwegisch, Slowenisch, Tschechisch, Ungarisch

6 b Okzitanisch – Provence; Paschtunisch – Pakistan; Färöisch – Färöer-Inseln; Walisisch – Wales; Hebräisch – Israel

7 a 1. Was ist, wenn man einen Stein in die Waschmaschine legt? 2. …, wenn der Partner nie über Probleme spricht? 3. …, wenn man den Schiedsrichter mit dem Ball trifft? 4. …, wenn es die Liebe doch gibt?

7 b a. 3; b. 1 ; c. 4; d. 2

8 1. Du musst eine Landessprache sprechen, … 2. …, musst du Französisch lernen. 3. Wende dich an die Universität, … 4. …, musst du dich bis 30. April anmelden. 5. Vergleich die Studiengebühren, …

9 2. Wenn wir geheiratet haben, machen wir eine Hochzeitsreise. 3. Wenn wir von der Hochzeitsreise zurückkommen, bauen wir eine Villa. 4. Wenn wir die Villa gebaut haben, kaufen wir einen Ferrari. 5. Tja, dann beginnen wir von vorne.

10 a interessiert (für), gefreut (auf), gedacht (an), unterhalten (mit / über), geträumt (von), beworben (um)

10 b 1. Wofür; 2. Worauf – Auf ein Spiel. 3. Mit wem – Mit ihren Freunden. 4. Von wem – Von Maradona. 5. Worum – Um einen Platz in der Schulmannschaft.

11 1. an – An wen denkt ihr oft? 2. zu – Wozu führt das nicht? 3. mit – Mit wem verwechselst du ihn oft? 4. mit – Mit wem trifft sie sich gern? 5. für – Wofür meldet er sich morgen an?

12 a 2. Akk; 3. Akk; 4. Akk; 5. Dat / Akk; 6. Dat; 7. Dat; 8. Dat / Akk; 9. Dat; 10. Akk

12 b 1. Ich freue mich auf den Urlaub. 2. Ich freue mich über die Torte.

13 1. Mit großem Interesse habe ich Ihre Anzeige gelesen. 2. Ich bewerbe mich für die Stelle als Russischlehrer. 3. Ich habe acht Jahre lang als Maurer bei der Firma Bau gearbeitet. 4. Über eine Einladung zu einem Vorstellungsgespräch freue ich mich.

14 1. …, weil er sich für Autos interessiert. …, damit er die Autos seiner Freunde reparieren kann. …, muss er eine Lehre machen.
2. Monika möchte Ärztin werden, weil sie anderen Menschen helfen möchte. Sie möchte Ärztin werden, damit sie die Praxis ihres Vaters übernehmen kann. Wenn Monika Ärztin werden möchte, muss sie das Abitur machen.
3. Fritz wollte als Kind Astronaut werden, weil er ein Fan von Neil Armstrong war. Er wollte als Kind Astronaut werden, damit er die Erde von oben sehen kann.

15 a 1. Ganges; 2. Kilimandscharo; 3. Popocatépetl; 4. Nil

15 b Krankenhaus, Geburtstage, Restaurant, Küche, Nil, Ganges, Speisen, Kilimandscharo, afrikanisch, Schweinebraten, Musik

16 Sehr geehrter Herr Holzer,
Ich nehme gern den Termin am 24. 3. für ein Gespräch wahr. Ich habe noch eine Bitte: Wir besuchen im April Verwandte in den USA. Ist es möglich, dass mein Sohn Jan einen Tag später aus den Ferien zurückkommt? Bitte geben Sie mir bald Bescheid, damit ich die Flüge buchen kann.
Mit freundlichen Grüßen
Mirko Bosnak

17 Spanier, Deutsche; deutschen, deutsch; spanisch; Spanisch, Deutsch; Spanisch

Lektion 15

1 1. die Kerze; 2. das Einweihungsfest; 3. die Hochzeit; 4. der Fasching; 5. der Sekt

2 Soll; Sollst; Soll; Sollen; Sollt; sollen

3 1. Wir feiern am Sonntag mit Freunden im Garten ein Grillfest. 2. Wir feiern im Sommer mit den Hotelgästen in Italien eine Poolparty. 3. Wir feiern im Juni mit den Kindern im Park den Kindergeburtstag. 4. Wir feiern um 18.00 Uhr mit Kollegen im Kursraum das Semesterende. 5. Wir feiern am Nachmittag mit der Familie bei uns den Geburtstag von Papa.

4 Liebe; meine; bestanden habe; am; gebt

5 a 1. An Fasching verkleiden wir uns nicht. 2. Wir laden sie nicht ein. 3. Das ist nicht peinlich. 4. Sie sind gestern nicht gekommen. 5. Wir haben das nicht gewusst.

5 b Wir haben unsere Freunde nicht eingeladen.
Unsere Freunde haben wir nicht eingeladen.
Haben wir unsere Freunde nicht eingeladen?

5 c keine; kein; keine; keine; keinen; Kein

6 Das ist ein Missverständnis. Das ist mir jetzt aber peinlich. Das ist mir auch schon passiert. Das macht doch nichts. Das ist doch nicht schlimm.

7 2. Der Rucksack wird schwer. 3. Er wird müde. 4. Es wird kalt. 5. Er wird wütend / ärgerlich.

8 geworden; wirst; wird; wird; werden; werden

9 a soll, geht, Rückenschmerzen, Bluthochdruck, dass, Rat

9 b *Zum Beispiel:* Ich vermute, dass ihr Mann die Rücken- und Kopfschmerzen von zu wenig Bewegung hat. Der Bluthochdruck kommt wahrscheinlich von dem Alkohol und zu fettem Essen. Er muss sich mehr bewegen. Vielleicht kann er zu Fuß zur Arbeit gehen? Auf Partys kann er Mineralwasser trinken und mehr Salat essen.

9 c Dr. Eder sagt, dass du zu wenig Bewegung hast; …, dass der Bluthochdruck vom Alkohol und fettem Essen kommt; …, dass du dich mehr bewegen sollst; …, dass du zu Fuß zur Arbeit gehen sollst; …, dass du auf Partys Mineralwasser trinken und mehr Salat essen sollst.

10 von oben nach unten: 2, 1, 3, 1, 3

11 a 1. die Eltern; 2. die Kinder der Eltern; 3. die Leserinnen und Leser; 4. die Leserinnen und Leser

11 b 1. oder; 2. damit; 3. jedoch

12 bis zu, zwischen, vor, nach, ab

12 b 1. dem; 2. dem (zum); 3. den; 4. dem; 5. der; 6. dem

13 Am 15. Januar war die Hochzeit / hat er geheiratet. Ab dem ersten Februar hatte er einen neuen Job. Zwischen Juni und August hat er die Wohnung renoviert. Bis zum dreißigsten September war er mit dem Chef in Barcelona. Nach der Geburt von Emma war er nur noch müde.

14 a Temporalpräpositionen: vor, nach, seit, zwischen, bis, an, in
Lokalpräpositionen: vor, nach, zwischen, bis, zu, an, in hinter, über, neben, auf, unter

14 b vor, nach, zwischen, bis, an, in

14 c im, an, nach, zwischen, bis, vor

15 Hochzeit, Arbeitszeit, Teilzeit, Elternzeit; Arbeitgeber, Arbeitnehmer, Arbeitszeit; Mutterschutz, Kündigungsschutz; Einweihungsfest, Straßenfest; Elterngeld, Elternzeit

16 a Dazu gibt es frisches, glänzend braunes Brot; … wenn Jan auf seiner Gitarre spielt; Inés M. aus Portugal; Sie muss mit dem Krankenwagen ins Krankenhaus gebracht werden.

16 b 3. Wer hat den Marmorkuchen gebacken? 6. Was fehlt Lisa V.?

16 c 1. Seit drei Jahren gibt es im Mai auf dem Elisabethplatz ein Straßenfest. 2. „Mit dem Wetter hatten wir immer Glück", erklärt ein Gast. „Immer ist es nach einer längeren Regenperiode an diesem Tag wieder schön geworden." 4. Inés M. aus Portugal unterhält sich mit Claudia P. aus Italien, Haris L. aus Kroatien spricht mit Uwe K. aus dem Ruhrgebiet.
5. „Wir wohnen erst seit einem Jahr hier, aber ..."

17 Liebe Mira,
vielen Dank für die Einladung zum Einweihungsfest. Ich bin schon sehr neugierig auf die neue Wohnung und komme gern.
Soll ich Getränke oder einen Kuchen mitbringen? Du weißt ja, dass ich gern backe.
Oder brauchst du vielleicht schon vorher meine starken Arme zum Möbeltragen?
Ruf mich an, wenn du Hilfe brauchst!
Bis bald, Erik

18 1. Bei Zahnschmerzen oder Verletzungen gehe ich in die Ambulanz. 2. Mein Vorgesetzter möchte meine Arbeitszeit verlängern. 3. Wenn ich im Mutterschutz bin, habe ich Kündigungsschutz. 4. Benutzen Sie bitte die Haltegriffe! 5. Fritz bläst die Kerzen auf seiner Torte aus.

Lektion 16

1 1. Wenn ich mich mit Freunden verabreden will, schicke ich eine SMS. 2. Wenn ich krank bin, schicke ich meinem Chef eine E-Mail. 3. Wenn ich mit anderen diskutieren möchte, schreibe ich einen Chatbeitrag. 4. Wenn ich eine Liebeserklärung machen möchte, schenke ich einen Blumenstrauß.

2 a 1. ich verliebe mich; 2. du verabschiedest dich; 3. er fragt sich; 4. wir sehen uns; 5. ihr küsst euch; 6. sie treffen sich; 7. sie begrüßen sich; 8. ihr engagiert euch; 9. wir rufen uns an; 10. er bedankt sich; 11. du stellst dich vor; 12. ich verabrede mich; 13. ich entschuldige mich; 14. du beschwerst dich; 15. er ärgert sich; 16. wir lernen uns kennen; 17. ihr schreibt euch; 18. sie lieben sich

2 b 1. ich habe mich verliebt; 2. du hast dich verabschiedet; 3. er hat sich gefragt; 4. wir haben uns gesehen; 5. ihr habt euch geküsst; 6. sie haben sich getroffen; 7. sie haben sich begrüßt; 8. ihr habt euch engagiert; 9. wir haben uns angerufen; 10. er hat sich bedankt; 11. du hast dich vorgestellt; 12. ich habe mich verabredet; 13. ich habe mich entschuldigt; 14. du hast dich beschwert; 15. er hat sich geärgert; 16. wir haben uns kennen gelernt; 17. ihr habt euch geschrieben; 18. sie haben sich geliebt

3 Installier das Programm, das du zum Skypen brauchst. Wähl einen Benutzernahmen, der nicht so kompliziert ist. Erstell eine Kontaktliste, die alle wichtigen Adressen enthält. Klick mit der Maus das Feld an, das mit einem Telefonhörer markiert ist. Jetzt kannst du mit allen telefonieren, die auch eine Skype-Adresse haben.

4 Ich skype mit meiner Freundin, die ich liebe, die ich sehr vermisse. Ich chatte mit meinem Bruder, der bei meinen Eltern lebt, den ich lange nicht gesehen habe, der jetzt Karriere macht. Ich telefoniere mit meinen Eltern, die schon alt sind, die mir Neues von meinem Bruder berichten, die ich bald besuchen möchte. Ich spreche jeden Tag mit meinem Auto, das ganz neu ist, das ich toll finde, das für mich wie ein Freund ist.

5 gut – besser – am besten; gern – lieber – am liebsten; teuer – teurer – am teuersten; hoch – höher – am höchsten; dunkel – dunkler – am dunkelsten; nah – näher – am nächsten; viel – mehr – am meisten

6 a als; dümmer; länger als; praktisch wie; besser; perfekt wie; lieber als

6 b ein Handy

7 1. Österreich ist größer als die Schweiz. Deutschland ist am größten. 2. Die Mutter ist älter als die Tochter. Die Großmutter ist am ältesten. 3. Gold ist härter als Gips. Diamant ist am härtesten. 4. Der Flug nach Wien dauert länger als der Flug nach Berlin. Der Flug nach Moskau dauert am längsten.

8 1. Klara ist (genau)so alt wie Fred. 2. Maria ist (genau)so groß wie Klara. 3. Fred ist (genau)so schwer wie Maria.

9 der: Download, Computer, Blog, Chat; das: Internet, Web, Notebook; die: Webcam, Flatrate, Hotline, E-Mail

10 mir; der; dich; auf; Viele

11 1. Ich bedanke mich für den Brief; das Fax; die E-Mail. 2. Du entschuldigst dich für den Stress; das Problem; die Verspätung. 3. Er freut sich über die Geschenke; den Kuss; die Postkarte. 4. Wir kümmern uns um den Hund; das Tier; die Katze. 5. Ihr ärgert euch über die Rechnungen; die Nachbarin; das Foto. 6. Sie tauschen sich über den Film; das Kinoprogramm; die Pläne aus.

12 1. b / F; 2. a / D, e / E; 3. c / B, d / A; 4. a / A (D), b / C

13 a 1. Zeile: 1. Rita beschwert sich bei den Nachbarn. 2. Die Nachbarin entschuldigt sich für den Lärm 3. Rita freut sich über die Ruhe im Haus. 4. Am nächsten Tag ärgert sie sich wieder über die Nachbarskinder.

13 b 2. Zeile: 1. Bei ihnen beschweren sich alle Hausbewohner. 2. Dafür entschuldigt sie sich jeden Tag. 3. Darüber freut sie sich nicht lang. 4. Über sie ärgert sie sich noch oft.

14 a 2. Herr Kovac: Ja, die Kinder sollen in der Schule nicht telefonieren. 3. Frau Fekete: Aber in dringenden Fällen möchte ich mein Kind auch vormittags erreichen. 4. Frau Lammer: Ja, das ist manchmal wichtig. 5. Herr Klinger: Außerdem können die Kinder im Unterricht ja das Handy ausschalten. 6. Herr Matz: Wir sollten einen Brief an alle Eltern schreiben.

14 b Lehrerin: Ich bin der Meinung, dass die Kinder in der Schule kein Handy brauchen.
Herr Kovac: Ich bin auch dafür, dass die Kinder in der Schule nicht telefonieren sollen.
Frau Fekete: Dagegen spricht, dass ich in dringenden Fällen mein Kind auch vormittags erreichen möchte.
Frau Lammer: Es stimmt, dass das manchmal wichtig ist.
Herr Klinger: Ein weiteres Argument ist, dass die Kinder im Unterricht ja das Handy ausschalten können.
Herr Matz: Ich denke, dass wir einen Brief an alle Eltern schreiben sollten.

15 a besseren, einen, dagegen, sind, Veränderungen, Kindergärten, Schülerinnen, und, Sie

15 b richtig: 3, 4, 5 falsch: 1, 2, 6

16 Beschwerde: kaputter Fernseher
Sehr geehrte Frau Gerber,
wie schon am Telefon besprochen möchte ich meinen Fernseher reklamieren.
Leider hat das Gerät nie richtig funktioniert.
Ich bekomme manche Programme nicht, bei anderen ist das Bild unscharf.
Wie Sie am Rechnungsdatum sehen, habe ich das Gerät erst vor zwei Wochen gekauft.
Deswegen bitte ich Sie, den Fernseher umzutauschen.
Mit besten Grüßen
Vitali Kerner

17 a die Kommunikation, die Konfirmation, die Motivation, die Demonstration, die Information

17 b Nomen auf *-ion* sind feminin.

Lektion 17

1 die – die Lehre; 2. die – die Probezeit; 3. der – der Meister; 4. den – die Bewerbung; 5. den – die Umschulung

2 a 1. Ich bedanke mich für die gute Zusammenarbeit. 2. Ich gratuliere Ihnen zu Ihrem beruflichen Erfolg. 3. Ich freue mich auf neue Aufgaben. 4. Alles Gute für die Zukunft! 5. Wir bleiben in Kontakt. 6. Stoßen wir jetzt auf Ihre Karriere an!

2 b Chefin: 2, 4, 6 Mitarbeiter: 3 beide: 1, 5

3 1. der, dem; 2. einem, dem, einer; 3. den, den

4 Ausbildung, Lehre, Arbeiten, Kollegen, Vorgesetzter, Firma, Berufsweg

5 1. Du solltest sie mir erzählen. 2. Sie sollten sich bei einem mobilen Hilfsdienst informieren. 3. Er sollte mit dem Schulpsychologen sprechen. 4. Ihr solltet in unser Ferienhaus fahren. 5. Du solltest einen Ratgeber schreiben.

6 a 1. Robert bekommt zum Ausstand einen neuen Koffer, ein günstiges Flugticket, eine schöne Reise und viele nette Glückwunschkarten.
2. Lara bekommt zum Einstand eine hübsche Tasche, einen eleganten Notizblock und ein halbes Glas Sekt, weil sie noch arbeiten muss.
3. Ulrike bekommt zur Geburt von Arne einen großen Blumenstrauß, blaue Babyschuhe und herzliche Glückwünsche.

6 b gleich: maskulin, feminin verschieden: neutral

7 2. Warum haben wir eine altmodische Wohnung und keine moderne Wohnung? 3. Warum habe ich einen billigen Computer und keinen teuren Computer? 4. Warum habt ihr langweilige Jobs und keine interessanten Jobs? 5. Warum habt ihr ein so normales Leben und kein aufregendes Leben?

8 1. neuen; 2. hohen; 3. starken; 4. schweren; 5. tollen

9 Ich fühle das kühle Metall. Ich sehe die elegante Form. Ich höre das laute Pfeifen. Ich spiele mit der neuen Modelleisenbahn.

10 falsche Präposition: mit meinem Ärger; Fehler im Kasus: ein Gebrauchtwagen; Fehler in der Wortstellung: es hat geheißen; falsches Partizip: bekommt; falsche Adjektivendung: der rechter Seite
richtig: über meinen Ärger; einen Gebrauchtwagen; hat es geheißen; bekommen; der rechten Seite

11 a der sparsame Lehrer; das sportliche Paar; die erfolgreiche Geschäftsfrau; die zukünftigen Eltern

11 b 1. Das rote, exklusive Cabrio passt zu der erfolgreichen Geschäftsfrau. 2. Der bequeme, zuverlässige VW-Passat passt zu den zukünftigen Eltern. 3. Der gebrauchte, sparsame Fiat passt zu dem sparsamen Lehrer. 4. Der wendige, schicke Audi passt zu dem sportlichen Paar.

12 a 1. Brüderchen; 2. Entchen; 3. Häschen; 4. Schneeflöckchen; 5. Hänschen; 6. Männlein; 7. Vöglein

12 b von links nach rechts: 2, 3, 7, 4; 1, 6, 5

13 1. her; 2. hin; 3. rein; 4. raus; 5. runter; 6. rauf

14 1. gerührt; 2. treu; 3. vorsichtig; 4. niedrig; 5. genervt; 6. offen; 7. stur; 8. silber; 9. trocken; 10 gesperrt; 11. großzügig; 12. dumme; 13. aufgeregt; 14. rostig; 15. umweltbewusst
Motto der Lektion: gute Entscheidungen

15 a 1. Autos; 2. Cabrios; 3. Modelle; 4. Autobauer; 5. Spritverbrauch; 6. PS; 7. km/h

15 b 1. VW-Käfer; 2. VW-Käfer; 3. Ente; 4. Ente; 5. VW-Käfer

16 Liebe Gäste!
Danke, dass ihr alle gekommen seid, damit wir gemeinsam den Einzug in unser neues Haus feiern können.
Viele von euch haben uns in den letzten Wochen fleißig geholfen. Ihr habt mit uns renoviert, Möbel getragen, Lampen aufgehängt, Vorhänge genäht. Aber heute arbeiten wir nicht, heute feiern wir.
Ich freue mich, dass auch unsere neuen Nachbarn hier sind.
Ich wünsche uns allen viel Spaß und einen guten Appetit. Das Büffet ist eröffnet!

17 1. abgeschlossen, abschließen, Abschluss; 2. weiß, heißt, musst, wissen; 3. verlassen, großzügige, Außerdem

Lektion 18

1 1. Ja, der rote Pullover gehört mir. 2. Ja, das alte, verrostete Auto gehört ihm. 3. Ja, die hübsche, neue Tasche gehört ihr. 4. Ja, die braunen Koffer gehören uns. 5. Ja, das große Haus gehört ihnen. 6. Ja, der tolle Schal gehört dir.

2 b Diese Gegenstände fehlen: die Stiefel, der Rasierapparat, das Handtuch, der Schal, der Reiseführer

3 Diese Sätze stimmen nicht: 1b; 2c; 3c; 4b

4 b von oben nach unten: Was denn? Wirklich? Na so was!

5 1. Der Stift gehört meinem Freund. 2. Die Kollegen helfen der Sekretärin. 3. Die Eltern glauben ihren Kindern. 4. Der Patient dankt dem Arzt. 5. Das Essen schmeckt den Gästen. 6. Die Arbeit gefällt den Kunden.

6 a „Schön, dass Sie gekommen sind, Herr Teskin. Folgen Sie mir einfach", hat Frau Schmid gesagt. „Ich gratuliere Ihnen zum Stipendium." Wir sind ins Esszimmer gegangen. „Schmeckt es Ihnen?", hat sie gefragt. Ich habe Frau Schmid geantwortet, dass es sehr gut ist, aber sie hat mir nicht so recht geglaubt. „Wenn wir Ihnen helfen können, sagen Sie es", hat das Ehepaar Schmid am Ende gemeint. Ich habe den beiden gedankt und mich verabschiedet. Der Abend hat mir gut gefallen, aber meine Familie hat mir gefehlt. Den Schmids gehört zwar ein großes Haus und meiner Familie nur eine kleine Wohnung. Aber trotzdem …

6 b 1. ihr; 2. ihm; 3. ihr; 4. ihm; 5. ihnen

7 a 1. Markus erklärt der Ärztin den Computer. 2. Die Ärztin bringt den Krankenschwestern eine Torte mit. 3. Die Krankenschwestern geben den Patienten (die) Tabletten. 4. Der Patient zeigt dem Chefarzt die Verletzung. 5. Der Chefarzt empfiehlt der Verwaltung ein neues Gerät. 6. Die Verwaltung schenkt dem Krankenhaus leider nichts.

7 b Verben mit Dativ und Akkusativ: schenken, bringen, zeigen, empfehlen, geben, erklären

7 c Verben mit Akkusativ: lieben, verstehen; Verben mit Dativ: helfen, antworten, danken, folgen

8 1. Können Sie mir sagen, wo der Bahnhof ist? 2. Leider weiß ich nicht, wie der Fahrscheinautomat funktioniert. 3. Darf ich fragen, woher Sie kommen? 4. Ich möchte wissen, warum das so kompliziert ist. 5. Ich verstehe nicht, was Sie sagen.

9 1. Öffne zuerst die Scannerabdeckung. 2. Leg dann das Blatt auf das Glas. 3. Schließ die Scannerabdeckung. 4. Wähl danach den Befehl „Scannen". 5. Kontrollier dann das Bild auf dem Bildschirm. 6. Speichere zuletzt das Dokument in der Bilddatei.

10 1. Können Sie das wiederholen? 2. Wie war das gleich? 3. Habe ich Sie richtig verstanden?

11 Fehler im Kasus: den alten Fotos; Fehler in der Wortstellung: Leider ich habe; falsches Fragewort: wo; falsches Modalverb: Musst du; Fehler im Kasus: mich zeigen
richtig: die alten Fotos; habe ich; wie; Kannst du; mir

12 1. – Ich habe ihn eingeschaltet. 2. Klicken Sie das Textprogramm an. – Ich habe es angeklickt. 3. Fügen Sie den Text ein. – Ich habe ihn eingefügt. 4. Heben Sie die Überschriften hervor. – Ich habe sie hervorgehoben. 5. Speichern Sie den Text ab. – Ich habe ihn abgespeichert. 6. Drucken Sie den Text aus. – Ich habe ihn ausgedruckt. 7. Schließen Sie das Programm. – Ich habe es geschlossen. 8. Fahren Sie den Computer herunter. – Ich habe ihn heruntergefahren.

13 a 1. weil; 2. deshalb; 3. deshalb; 4. weil; 5. deshalb; 6. weil

13 b 1. Ich freue mich, weil die Sonne scheint. 2. Die Sonne scheint, deshalb freue ich mich. 3. Ich freue mich, dass die Sonne scheint. 4. Ich freue mich, die Sonne scheint nämlich.

14 1. Im Frühling werden die Temperaturen mild. Im April ist es wechselhaft. 2. Im Sommer ist es heiß und es gibt Gewitter. 3. Im Herbst werden die Blätter bunt. Es ist oft ziemlich kühl und es gibt Nebel. Im Winter gibt es Schneeschauer und Frost. Die Straßen sind glatt.

15 a richtige Reihenfolge im Text: C, A, E, B, D

15 b Strichcode, Computer, speichert, alten, Förderband

16 Hallo Kerstin!
Das Klima in der Firma ist leider eher frostig, weil mein Chef immer schlechte Laune hat.
Gestern hat der Kopierer nicht funktioniert und der Chef hat sich sehr geärgert.
Es hat also gleichzeitig Blitz und Donner gegeben.
Ich habe dann die Gebrauchsanleitung studiert und das Gerät repariert.

Man braucht viel Geduld, damit man bei den häufigen Gewittern ruhig bleibt.
Zum Glück sehen wir uns bald, dann ist die Welt wieder voller Sonnenschein!
Bis bald und viele Küsse!
Leo

17 der Föhn, der Reiseführer, die Fröhlichkeit, der Verkehr, die Autobahn, wahr, verwöhnt, gewöhnen, das Jahr, die Fahrt

Lektion 19

2 a Sie; so ein kleines Kind; Die kleine Schwester; Sara; Sara; alle neugeborenen Kinder

2 b Nomen mit Adjektiv: eine neue kleine Schwester, so ein kleines Kind, die kleine Schwester, alle neugeborenen Kinder; Personalpronomen: sie; Name: Sara

3 die Kommunion, die Hochzeit, die Konfirmation, der Geburtstag, der Namenstag, das Opferfest, (das) Weihnachten, das Neujahrsfest

4 1. auf; 2. mit – miteinander; 3. zu – zueinander; 4. über – übereinander; 5. bei – beieinander 6. für – füreinander; 7. an – aneinander

5 Zutaten: 3 Eier, ¼ Liter Milch, 100 g Mehl, Öl / Butter, Marmelade, Zucker
Zubereitung: Eier, Milch und Mehl in ein Gefäß geben und alles gut verrühren. Öl oder Butter in eine Pfanne geben und erhitzen. Etwas Teig in die Pfanne gießen und gut verteilen. Wenn die Unterseite ein wenig braun ist, die Palatschinke umdrehen und auch die andere Seite braten. Die Palatschinke auf einen Teller geben, mit Marmelade bestreichen, einrollen und Zucker darüberstreuen.
Hinweis: Palatschinke ist österreichisch und ein Synonym für Eierkuchen / Pfannkuchen.

6 1. Trennen Sie die Eier und schlagen Sie das Eiweiß zu Eischnee. 2. Rühren Sie die Butter weich und geben Sie das Eigelb und Zucker dazu. 3. Mischen Sie das Mehl mit dem Backpulver und rühren Sie es unter die Butter. 4. Geben Sie jetzt die Milch dazu und heben Sie den Eischnee unter den Teig. 5. Streuen Sie Mehl auf die Arbeitsfläche. 6. Jetzt können Sie den Teig ausrollen.

7 a 1. ein Buch; 2. eine CD; 3. einen Ball; 4. Weingläser

7 b 1. welche; 2. einer; 3. eine; 4. welche; 5. keinen

8 1. Louis fragt, wie du als Kind Weihnachten gefeiert hast. 2. Louis erkundigt sich, ob du viele Geschenke bekommen hast. 3. Er will wissen, ob ihr in die Kirche gegangen seid. 4. Er fragt, wo denn der Weihnachtsbaum gestanden hat. 5. Er erkundigt sich, ob deine Mutter auch Zimtsterne gebacken hat. 6. Er will wissen, was dein schönstes Geschenk war.

9 1. wo; 2. jemanden, wen; 3. Jemand, wer; 4. jemandem, wem; 5. wie; 6. was

10 1. Pannenhilfe. Was kann ich für Sie tun?
C Guten Tag. Ich habe ein Problem. Meine Hupe hupt ständig.
2. Haben Sie den Motor abgestellt?
D Ja, aber das nützt nichts.
3. Dann müssen Sie die Sicherung abtrennen.
F In Ordnung, aber wie?
4. Keine Angst, das kriegen wir schon hin. Haben Sie eine Zange?
A Wie bitte? Ich kann Sie schlecht verstehen.
5. Ich habe gefragt, ob Sie eine Zange haben.
E Eine Zange? Ja, da ist eine. Und was mache ich jetzt?
6. Öffnen Sie die Motorhaube.
B Ich muss erst nachschauen, wo der Hebel ist. Da ist einer … Oh, da kommt die Polizei. Ich hoffe, dass die mir helfen kann. Danke.

11 die Feuerwehr, die Feuerleiter, das Feuerzeug, der Schlüsseldienst, der Abschleppdienst, der Notdienst

12 a 1. alle; 2. viele; 3. einige; 4. manche; 5. wenige; 6. keine

12 b Ich mag alle, manche, einige.
Ich spreche mit allen, manchen, einigen.

13 1. Alle, jed**er**, jed**e**, jed**es**; 2. viel**e**; 3. jed**e**, jed**en**; 4. einig**en**; 5. manch**e**; 6. viel**e**

14 Dank; weil wir am Sonntag selbst ein Familienfest feiern; wird; dass; das Taufgeschenk

15 1. Früher mussten die Arbeitnehmer bis zu 60 Wochenstunden arbeiten. 2. Früher konnte sich fast niemand einen Urlaub im Ausland leisten. 3. Früher hatten nur wenige Jugendliche eine gute Ausbildung. 4. Früher war das für viele ein großes Problem. 5. Früher mussten Kinder oft 13 Stunden am Tag arbeiten. 6. Früher wollten die Menschen auch nichts anderes.

16 b Lisa: Es tut mir leid, aber heute geht es nicht. Lukas: Schade, da kann man nichts machen. Lisa: Das kann schon sein, aber dafür kann ich ja nichts. Lukas: Gut, dann machen wir es so: Lisa: Ist das in Ordnung?

16 c Glühwein / Kinderpunsch trinken, Weihnachtsschmuck kaufen, Karussell fahren, mit altem Spielzeug spielen, Zimtsterne essen, Weihnachtslieder hören

17 Liebes Tagebuch,
nun ist meine Hochzeit vorbei. Es war ein sehr schönes Fest. Wir haben 50 Gäste eingeladen.
Zuerst hatten wir ein tolles Essen, dann hat eine Musikgruppe gespielt. Ich habe mit allen Männern getanzt. Am meisten haben aber natürlich Gerd und ich miteinander getanzt.

Mein Vater hat eine nette Rede gehalten, da habe ich ein bisschen geweint. Wir haben auch viele tolle Geschenke bekommen. Morgen fahren wir auf Hochzeitsreise nach Venedig.

18 Der Polizist fragt: „Haben Sie schon den Pannendienst gerufen?"
Der Polizist fragt, ob wir schon den Pannendienst gerufen haben.
Oje, das haben wir vergessen!

Lektion 20

1 die Briefmarke und die Briefmarkensammlung; der Plattenspieler + die Schallplatte; die Kerze + der Kerzenständer; der Fotoapparat + das Foto; das Besteck: die Gabel, der Löffel + das Messer

2 1. Den Plattenspieler habe ich zum 14. Geburtstag bekommen. 2. Die Schallplatte hat mir dein Vater geschenkt. 3. Die Briefmarken hat mein Opa gesammelt. 4. Den Kerzenständer haben wir in Italien gekauft. 5. Den Fotoapparat habe ich lange gesucht 6. Das Besteck hat deiner Oma gehört.

3 2. deins; 3. seine; 4. ihre; 5. seins; 6. unsers; 7. deiner; 8. ihrs

4 Nominativ: Ja, das ist unser(e)s. Ja, das ist unsere. Akkusativ: In unseren. In unser(e)s. In unsere. Dativ: In unserem. In unserem. In unserer. Plural: Nominativ: Ja, das sind unsere. Akkusativ: Für unsere. Dativ: Zu unseren.

5 a das Spiel, der Spieler, das Spielfeld, der Spielleiter, die Spielanleitung

5 b Ausgangsspiel, Spielverkehr

6 a falsch: Satz 1 und 4
Korrektur: Ich bin **letztes Jahr nach Deutschland** gekommen. Jetzt **bin ich da** und ich bin sehr froh.

6 b Vor zwei Jahren bin ich mit meinem Mann nach Berlin gekommen. Mit meinem Mann bin ich vor zwei Jahren nach Berlin gekommen. Nach Berlin bin ich vor zwei Jahren mit meinem Mann gekommen.

7 a

Subjekt	Verb Teil 1	Temporalangabe	Ergänzung	Verb Teil 2
Ich	habe	vor einem Jahr	ein Unternehmen	gegründet.
Ich	habe	zuerst	alles	geplant.
Ich	bin	dann	zur Bank	gegangen.

Subjekt	Verb Teil 1	Ergänzung (Dativ)	Temporalangabe	Ergänzung (Akkusativ)	Verb Teil 2
Die Bank	hat	mir	sofort	einen Kredit	gegeben.

7 b 1. Vor einem Jahr habe ich ein Unternehmen gegründet. 2. Zuerst habe ich alles geplant. 3. Dann bin ich zur Bank gegangen. 4. Sofort hat die Bank mir einen Kredit gegeben.

8 denn; doch; doch; denn; ja; doch; ja; aber

9 bezweifle; Wahrscheinlich; nehme an; Vermutlich; schätze; vermuten

10 1. Behörde; 2. Gewerbe; 3. Kredit; 4. mitspielen

11 1. deshalb; 2. wenn; 3. wie; 4. die; 5. weil

12 a Sonnenallee: 2, 5; Das Versprechen: 3, 8; Das Leben der Anderen: 1, 6; Good Bye Lenin: 4, 7

12 b 1. die Flucht; 2. der Protest; 3. der Fall; 4. die Forderung

13 a hat gefeiert; fliehen; weinen, hat geweint; öffnen, hat geöffnet; gewinnen; handeln; erfinden, hat erfunden; verlieren

13 b unregelmäßig: fliehen, gewinnen, erfinden, verlieren

14 Gestern hat es wieder einen schweren Unfall gegeben. Der Fahrer eines Pkw hat gerade mit dem Handy telefoniert. Deshalb hat er nicht bemerkt, dass ein Kind auf die Straße gelaufen ist. Das Kind ist zu Boden gefallen und bewusstlos liegen geblieben. Passanten haben sofort den Notarzt gerufen. Man hat das Kind ins Krankenhaus gebracht.

15 a U-Bahn, Flughafen, med.hilfe, Stadtmuseum, Kinderprogramm, Autoausstellung, Restaurants, afrikanisch, mexikanisch, indisch, ägyptisch, Straßenfest, Weihnachtsmarkt

15 b Kultur, Soziales, Verkehr, Gastronomie

16 Ich möchte Ihnen meine neue Firmenidee vorstellen. Wir bieten einen Briefservice in fünf Sprachen an: Deutsch, Russisch, Chinesisch, Türkisch und Italienisch. Wir erstellen persönliche und geschäftliche Briefe in diesen Sprachen.
Ich habe schon eine Homepage für die Firma entworfen, die ich Ihnen hier zeigen möchte. Sie sehen, dass Kunden ganz leicht mit uns Kontakt aufnehmen können.
Zum Schluss möchte ich betonen, dass eine Marktanalyse einen großen Bedarf in diesem Bereich gezeigt hat.

17 hielt; entschied, entschieden; schlief, lief; blieb, geblieben; schoss, geschossen; nahm, genommen; kommen, gekommen